SEDUZINDO
O CLUBE
DO BOLINHA

NINA DiSESA

SEDUZINDO O CLUBE DO BOLINHA

Tradução: Angelo Ikeda

Academia

Título original: *Seducing the boys club : uncensored tactics from a woman at the top.*

Revisão de texto: Maísa Kawata
Diagramação: Vitor Morinishi
Capa: Graziella Iacocca

Dados Internacionais de Catalogação na Publicação (CIP)
(Câmara Brasileira do Livro, SP, Brasil)

DiSesa, Nina
Seduzindo o clube do bolinha / Nina DiSesa ; tradução Angelo Ikeda. -- São Paulo : Editora Academia de Inteligência, 2010.
Título original: Seducing the boys club : uncensored tactics from a woman at the top.

ISBN 978-85-60096-57-2

1. Carreira - Desenvolvimento 2. Mulheres empresárias 3. Mulheres executivas 4. Sucesso nos negócios I. Título.

10-02688 CDD-658.409082

Índices para catálogo sistemático:

1. Mulheres executivas : Carreira profissional : Sucesso : Administração de empresas 658.409082

2010

Editora Academia de Inteligência Ltda.
Avenida Francisco Matarazzo, 1500 – 3o andar – conj. 32B
Edifício New York
05001-100 – São Paulo – SP
www.academiadeinteligencia.com.br
www.editoraplaneta.com.br

Aos meus lindos pais, Leonard e Helen DiSesa,
que sempre tiveram orgulho de mim e ficariam
absolutamente felizes em ver que eu tive
concentração suficiente para terminar de
escrever um livro.

SUMÁRIO

PREFÁCIO
James Patterson

Lembro-me perfeitamente da primeira vez em que Nina e eu nos encontramos durante um almoço em Nova York que ela descreve neste livro. Ela se mostrou uma competidora voraz, embora alegue que estava apenas flertando comigo. De qualquer forma, me acostumei com isso. E até comecei a aguardar ansiosamente pelos nossos encontros.

Havia um punhado de redatores que trabalharam para mim na J. Walter Thompson, enquanto eu comandava o espetáculo de criação, e que depois escreveram livros e romances. Tenho orgulho de todos eles. Alguns, como Nina, são pessoas de publicidade antes de mais nada, e depois autores. Acho que ela ficaria contente com essa distinção e acredito que terá tanto sucesso como autora como tem sendo diretora de arte e *chairman.*

Com este livro, ela combina diversas disciplinas para uma abordagem esperta e diabolicamente divertida sobre como administrar homens sem nos fazer sentir mal por isso, se formos espertos o bastante para detectar quando estamos sendo "manipulados". Afinal, ela estava me manipulando com seu charme durante aquele primeiro almoço, e, como todos os outros homens de sua vida, não me importei. As mulheres irão devorar *Seduzindo o clube do bolinha,* e ele será o assunto do dia, o assunto de muitos dias, na verdade. Mas os homens também deveriam ler este livro. Não que eles poderão se defender de uma mulher que possa seduzir "clubes do bolinha", mas pelo menos darão boas risadas. De qualquer modo, aconselhei Nina a fazer deste um livro que não se pode parar de ler, e ele é assim.

Finalmente, tenho que acrescentar a opinião de que este é um livro extremamente poderoso e importante. Ao escrever sobre a abordagem única e eficaz de uma mulher para não apenas sobreviver, mas *surrar* os clubes do bolinha que controlam muito do mundo dos negócios, Nina DiSesa trouxe à tona a realidade daquelas traiçoeiras instituições. E ela faz isso sorrindo.

DANEM-SE AS REGRAS DELES. TENTE ALGO NOVO

Mais ou menos na metade da minha carreira, decidi que se eu fosse entrar para o ramo da publicidade teria que pensar grande. Depois de 15 anos, percebi que escrever anúncios e ganhar prêmios de criação não iriam durar para sempre. Isso era um negócio para pessoas jovens, e, se eu quisesse ter sucesso, teria que me tornar gerente e líder antes dos 45 anos. Para uma pessoa criativa na publicidade, sobreviver e ter sucesso significa comandar o departamento de criação de uma agência. O que eu não percebi no início é que isso também significava derrubar as barreiras daquele baluarte impenetrável de arrogância e supremacia masculinas: "o clube do bolinha". É aí que os valores, comportamentos e o humor sexual dos homens prevalecem e onde poucas mulheres têm permissão para chegar ao topo. A única razão para que nós ao menos tentemos entrar nesses clubes é que eles são rápidos, excitantes e desafiadores, e se você sabe como vencer, brincar com os garotos pode ser muito divertido.

O baluarte masculino do qual eu queria fazer parte era a publicidade, e eu queria entrar no maior clube que pudesse encontrar. Meu ponto de partida para aquele derradeiro emprego aconteceu em 1991, quando fui contratada como diretora-executiva de criação no escritório de Chicago da J. Walter Thompson. Nos cinco anos anteriores, eu vinha tendo sucesso no mais puro clube do bolinha da McCann Erickson, e por isso embarquei no trabalho de Chicago confiante em minha habilidade de controlar homens.

Sofri um ajuste de confiança na primeira hora do meu primeiro dia no trabalho. Toda a agência havia se reunido para me conhecer, e fiz para todos um apaixonado discurso sobre como iríamos mudar o destino da agência. Iríamos trabalhar juntos para fazer sucesso, detonar e trazer de volta a glória de tempos passados. *Blá-blá-blá brilhante,* pensei.

Quando terminei, esperava que não houvesse um olho sem lágrimas – meu Deus, *eu* quase engasguei. Mas quando perguntei se havia alguma pergunta, houve um silêncio mortal. Ninguém tinha nem sequer uma pergunta para mim. Então, quebrando o desconforto criado pelo desinteresse, surgiu uma voz masculina do fundo da sala.

"Qual é o seu signo?"

Em retrospecto, queria ter apenas dado risada e dito algo esperto e bastante confiante, como:

"O sinal dos tempos, querido." Ou algo inspirador:

"Peixes. Qual é o seu signo? Idiota?"

Se tivesse, teria conquistado imediatamente o respeito do contingente de maus elementos que pareceriam se esquivar de mim pelos três anos seguintes. Mas não o fiz. Eu estava muito surpresa com a evidente rejeição. Então, em vez disso, disse algo bobo, como "muito engraçado."

No Brooklyn, quando não conseguíamos pensar em uma resposta rápida para um insulto, desdenhávamos e dizíamos algo como:

"Oh, isso foi tão engraçado que eu quase me esqueci de rir."

(Eu nem sei o que isso *quer dizer.*)

Mas, naqueles primeiros momentos em Chicago, eu havia cometido um pecado capital: havia sido presunçosa. Pensei que, só porque eles precisavam de um salvador e eu estava com o modo salvador ligado, todos aqueles perdidos do meio oeste me receberiam de braços abertos. Em vez disso, eles provavelmente estavam pensando em todas as diferentes formas de enforcar mais uma espertalhona de Nova York.

Ser presunçosa foi mais um erro que eu teria que corrigir ao lidar com homens. Meu primeiro erro foi acreditar em jogo limpo. Eu pensava que, se eu fosse uma boa garota, coisas boas aconteceriam para mim. (Ainda bem que não fiquei esperando.)

Meu segundo erro foi não gostar o bastante dos homens e pensar que eles só tinham utilidade na cama. Nos negócios, eu os via como adversários.

E o mais infeliz dos meus erros de julgamento foi pensar que usar truques femininos era trapacear e que para me dar bem em um mundo masculino eu teria que jogar de acordo com suas regras, sem reclamar. Nunca me ocorreu até eu estar totalmente envolvida com aquilo que, enquanto algumas regras são invioláveis e você precisa ficar atenta a elas para vencer, muitas outras não o são. Eu tinha que aprender a decidir quais regras precisavam ser seguidas e quais poderia ignorar. Principalmente, aprendi que não havia problema em quebrar quantas convenções fossem possíveis e que as rodas estridentes que puxam uma grande carga merecem todo o óleo de que precisam.

O jogo não é justo no mundo dos negócios

Não importa quanto odiemos escutar isto, ainda é a verdade: homens e mulheres não são iguais no mundo dos negócios. Você pode ignorar esse fato básico, pode resistir ou pode usar o que tiver para superar a desigualdade. Se for honesta consigo, irá reconhecer que somos administradas, recompensadas e reconhecidas de outra forma até quando exercemos exatamente a mesma função. Nós somos até punidas de outra forma quando cometemos as mesmas transgressões. Os homens são frequentemente tratados como "acima da lei". Muitos deles acreditam que até a conduta mais imprópria que cometerem será ignorada, perdoada, ou até admirada. E muitas vezes estão certos. Mas isso não é verdade para mulheres, e nunca podemos nos esquecer disso. Há dois pesos e duas medidas. É um saco, mas é assim.

Um bom exemplo disso aconteceu entre um executivo muito experiente de publicidade e uma mulher que trabalhava para ele. Eles estavam tendo um caso descaradamente, embora ambos fossem casados e tivessem filhos pequenos.

Um dia, esses dois estavam em um voo para fazer uma grande apresentação para o conselho de administração de um cliente muito importante. No voo, que durou apenas 45 minutos, eles não conseguiram se conter, e sob um fino cobertor de avião, passaram a maior parte do voo trocando carícias. Então, ficou muito óbvio para todos ao redor deles que o rapaz estava recebendo um "serviço especial".

O avião pousou e, enquanto todos se preparavam para desembarcar, as pessoas que estavam sentadas perto do feliz casal deram uma boa olhada neles. Acontece que a maioria das pessoas que assistiram àquela cena mal disfarçada de sexo fazia parte do conselho de administração. Duas horas depois, o executivo de publicidade e sua senhora tiveram que fazer a apresentação para todos eles em meio a sussurros, sorrisos jocosos e risadas mal escondidas. Foi humilhante, mas o homem nunca demonstrou nenhum sinal de remorso. Nem houve nenhuma repercussão de verdade. A mulher, no entanto, foi ridicularizada impiedosamente pelas costas e nunca se recuperou da perda de dignidade causada por aquela aventura. Nenhum dos dois foi repreendido na época, porque o homem tinha um cliente importante, mas quando aquele cliente mudou de emprego, homem e mulher foram demitidos. Ele foi demitido poucos meses depois. Ela foi demitida no dia seguinte.

Damas, aceitem o fato de que não há igualdade nos negócios. Especialmente em um clube do bolinha. Isso é verdade mesmo se você não estiver fazendo sexo descaradamente e estiver fazendo tudo certo. Homens são e sempre serão mais privilegiados do que nós. Nosso grande erro é não reconhecermos esse fato. Nós confiamos demais. Acreditamos no conceito de igualdade, especialmente quando somos jovens e estamos no início da carreira. Acreditamos que, se formos espertas e trabalharmos duro, seremos recompensadas com dinheiro e oportunidades de crescimento. Acreditamos no jogo limpo e na ideia de que, se seguirmos as regras, atingiremos nossos objetivos. Todas nós acreditamos nisso. Eu também, quando era jovem, mas estava enganada.

Uma coisa que ficou óbvia é que muitas dessas "regras" foram criadas por homens, mas idealizadas apenas para nós. Nossos colegas do sexo masculino não seguem todo o regulamento. Eles sabem que, para eles, algumas regras devem ser respeitadas, mas que a maioria pode ser violada. Homens são os maiores transgressores de regras da Terra; só que eles fazem isso de forma inteligente, e fazem isso juntos. Nunca subestime a irmandade dos homens. Clubes do bolinha se alimentam disso.

Eu tinha certeza de que, na virada do século (2000, não 2100), as mulheres encontrariam seu lugar ao lado dos homens e de que o mundo seria bem menos dominado por eles. Mas todas sabemos que isso não aconteceu. Ainda é uma grande notícia quando uma mulher se torna CEO. Somente dez empresas na lista das quinhentas maiores da Fortune tinham CEOs mulheres quando eu estava escrevendo este livro, em 2007. É duro chegar ao topo, e se uma mulher chega, em nossa cultura dominada por homens, é um milagre se ela se mantiver lá.

A pergunta é: por quê?

Os homens são rancorosos conosco porque precisam de nós?

Por que os clubes do bolinha ainda existem? E por que é tão difícil para nós fazermos sucesso neles e, mais ainda, liderá-los? Acredito que todas as empresas, governos e casas precisem de mulheres em papéis de tomadoras de decisões. É uma situação perigosa quando as decisões superimportantes são feitas por um só tipo de pessoa. Mesmo que essa pessoa seja o homem de classe média onisciente, praticamente perfeito e caucasiano.

Quantas guerras poderiam ter sido evitadas se houvesse mais mulheres como chefes de Estado, cujos instintos tenderiam a resolver disputas com colaboração e negociação em vez de uma demonstração de força? Quantos CEOs poderiam ter mantido seus empregos (e sua liberdade) se alguém com um lado mais protetor tivesse sussurrado em seus ouvidos que o que estavam fazendo era egoísta, prejudicial e, possivelmente, até ilegal?

Há motivos reais pelos quais não nos dão os melhores empregos nos negócios, além de nossa propensão a multiplicar a espécie e nos tornarmos mães e donas de casa. Muitas mulheres optam por carreiras em vez de filhos, ou carreiras *além* de filhos. Por que tão poucas dessas mulheres conseguem a oportunidade de que precisam para chegar ao topo? E, quando chegam lá, por que não se mantêm lá?

O problema é que nem sempre sabemos como nos adaptar em um mundo masculino. Os homens nos veem como seres estranhos e desconhecidos que eles não entendem e, como resultado, não se sentem à vontade conosco. Nossa fracasso em fazer sucesso com eles é em parte nossa culpa. Isso é uma notícia boa. Erros de direção são uma coisa que podemos controlar. Embora não possamos mudar diretamente o comportamento dos homens, podemos mudar a maneira como *nós* nos comportamos, o que pode alterar a maneira como eles se sentem em relação a nós. Mas, antes de fazer todo esse esforço, primeiro decida como quer viver sua vida e quanto quer brincar com esses garotos. Você deve querer muito, porque não será fácil; eles não a convidarão a entrar, e talvez você tenha que arrombar a porta para chegar até eles.

Mas eu não escrevi este livro para convencer jovens mães a abandonarem suas famílias. Eu o escrevi para armar as mulheres com as ferramentas e a *confiança* necessárias para entrar na briga e tomar decisões de carreira por conta própria, para tomar as rédeas de seus próprios destinos e escalar o mais alto que quiserem. Isso significa passar batido por aquele ponto "sem retorno sobre investimento" da gerência de nível médio – quando as mulheres são ignoradas em favor de homens que não carregam filhos e são tidos como um melhor retorno para o investimento.

Para tomar essas decisões por conta própria, você tem que entender as pessoas que a impediriam de progredir. São os homens. Você tem que aprender como eles operam nos negócios e como eles a enxergam. Nem sempre é óbvio. Você tem que decidir o que pode aprender com os homens. Quais de suas características você deve simular? O que você deve fazer para conquistar o respeito e o apoio deles?

Há também outras coisas para descobrir. Como você "seduz" esses garotos e os ajuda a enxergá-la como realmente é? Como você entra em seus clubes? Quando não há problema em manipulá-los? E, quando chegamos ao topo da escada e eles começam a trabalhar para nós, como os administramos e conquistamos sua lealdade? Qual é a única coisa que "os garotos" procuram quando estão decidindo quem irão admirar, apoiar e promover?

Eles procuram por eles mesmos!

Homens se sentem à vontade com sua própria espécie, e quanto mais alguém faz um homem se lembrar de si mesmo, mais confortável ele se sente. Se quisermos vencer com eles, temos que ser mais como eles. Temos que reconhecer as qualidades e habilidade que os fizeram ter sucesso – coisas como decisão, foco e disposição de correr riscos –, enquanto, de alguma forma, ainda se divertem ao longo do processo. Se conseguir explorar seu lado "masculino" e não perder nenhuma de suas incrivelmente únicas habilidades "femininas", você pode vencer esse jogo. A maioria dos homens não pode, não quer ou não sabe como entrar em contato com seu lado "feminino", e isso os coloca em desvantagem.

Ainda assim, vencer este jogo exige trabalho. Todos os homens ao seu redor, incluindo aqueles acima, abaixo e bem ao seu lado, podem fazê-la feliz ou infeliz. Como você pode trazer esses homens para o seu lado sem comprometer seus princípios ou sua integridade? Afinal, você merece trabalhar ao lado deles e, quando a hora chegar, merecerá tê-los trabalhando para *você*.

Este livro é sobre como uma mulher como eu, que era insegura e sem foco, obteve sucesso em um ambiente corporativo que sempre recompensou homens à custa de suas mulheres. Mas, ainda mais importante, é sobre como você também pode aprender a fazer isso, e fazer ainda melhor do que eu. Eu tive um começo lento. Antes de poder entrar em contato com meu lado masculino, eu tinha que encontrar em mim a *mulher* que era capaz de se tornar *chairman* e diretora-executiva de criação nos complexos clubes do bolinha da publicidade. Esse foi um grande primeiro passo, e eu tinha uma curva íngreme de aprendizado.

As maiores lições que aprendi ao longo do caminho foram: sempre "leia" o ambiente (é menos provável que você pise na merda); não se deixe tomar pela ansiedade nas decisões (isso a faz parecer fraca); e não confunda sedução com sexo (uma é uma tática brilhante; a outra, não).

As coisas mais úteis que descobri foram segredinhos e *insights* sobre entender e administrar homens. Temos que seduzi-los sem sexo e manipulá-los sem malícia. E temos que gostar deles. Se acertarmos a mão, poderemos trabalhar ao lado dos homens como iguais e, quando a hora chegar, poderemos protegê-los, levá-los à grandiosidade e até fazer deles homens melhores – pelo menos aqueles que podem melhorar.

Eu posso assegurá-la de que não nasci para exercer o papel de presidente de um clube do bolinha. Longe disso. Não nasci em berço de ouro e nunca cheguei perto de um. Não estudei em escolas caras e nem em uma das universidades mais famosas. Nunca aprendi a jogar golfe (uma atividade que une bastante os homens) e, embora eu saiba a diferença entre uma bola de futebol, de basquete ou de beisebol (formas diferentes, certo?), nunca fui apaixonada por esportes. Mas eu aprendi *de verdade* e me especializei na Arte da S&M (Sedução e Manipulação). Tendo feito isso, eu posso facilitar as coisas para que você faça o mesmo. Você só precisa entender o fato de que trabalho duro e talento não serão suficientes para empurrá-la para o topo. Sedução e manipulação *benevolentes* ajudarão a fazer que o fato de ser mulher seja uma grande vantagem, em vez de algo que se precise superar. E é também a maneira mais rápida e limpa de vencer com homens.

Tudo o que você precisa fazer é quebrar, ao longo do caminho, algumas daquelas regras consagradas. Elas não estavam mesmo funcionando para nós.

Danem-se as regras. Faça as suas próprias. Estou sendo repetitiva? Ótimo.

PARTE 1

TUDO CONTA

Minha própria sogra – uma mulher doce e meiga que não costumava fazer comentários indelicados sobre ninguém – pensava que mulheres como eu eram enxeridas. Este é um termo que ela usava para mulheres que tentavam se infiltrar num mundo masculino. Essa foi a atitude de uma pessoa formada na Universidade de Michigan e que teve uma carreira de 35 anos como médica. Até *ela* pensava que mulheres deviam saber o seu lugar, e não era no comando de uma sala de reuniões em um clube do bolinha. Seu nome era Muriel, e pouco antes de ela morrer, em 2004, aos 95 anos, pegou minha mão e disse que tinha orgulho de mim. "Você é a melhor enxerida que eu já conheci", foi a última coisa que ela me disse.

Minha mãe era exatamente o oposto. Ela morreu aos 78 anos, em 7 de dezembro de 1986, às três da tarde – antes de eu me tornar diretora de criação. Quando me tornei vice-presidente na Young & Rubicam, ela ligou para todos que conhecia e disse que sua filha era *a* vice-presidente da Y&R Advertising! Como se não houvesse outras cem pessoas com esse título.

Aprendi muito com essas duas mulheres, mas meus poderes de sedução e manipulação vieram de minha mãe, Helen Pennachio DiSesa. Todos a chamavam de Helen Penny para distingui-la de uma das irmãs de meu pai, que também se chamava Helen.

Helen Penny era uma mestra do encanto. Em primeiro lugar, ela sempre recebia o melhor atendimento onde quer que fosse, porque ela tinha um interesse despretensioso por outras pessoas. E levava tudo para o lado pessoal.

"Você parece cansado", disse ela numa ocasião para um vendedor de sapatos. "Eu só vou experimentar este par de sapatos."

Quando já tinha descoberto seu nome, seu horário de trabalho, onde ele morava e o que ele queria ser de verdade ("Você seria um grande ator, posso ver nos seus olhos"), ela já era sua melhor amiga. Ele trouxe, alegremente, vinte pares de sapato para ela experimentar e não se importou com o fato de ela não levar nem um par sequer. Estava apaixonado. Ela também era um gênio para conseguir qualquer coisa que quisesse. Quando esteve no hospital pela última vez após sua batalha de quatro anos contra um câncer no pâncreas, ela encantou o médico para que ele a deixasse comer um sanduíche de queijo e presunto, quando ela deveria estar sob uma dieta de líquidos. Ele até desceu para a lanchonete do hospital e comprou o sanduíche para ela. Com mostarda.

Eu aprendi muito com essa mulher e com muitas outras ao longo do caminho. Mas aprendi principalmente com meus erros. Tive um começo muito desfavorável em meu longo caminho até o topo da escada, mas sempre vi o lado bom da vida. E percebi que, se tivesse começado no topo, não teria lugar nenhum para ir a não ser para baixo.

E, por falar em ir para baixo...

1

MINHA VIDA COMEÇOU EM UM ELEVADOR

Não é que eu tenha nascido mesmo em um elevador. Ou sido concebida em um. (*Isso* não seria bizarro? Você consegue imaginar seus pais transando em um elevador?) Minha *carreira* começou em um elevador, e esse foi o começo da minha vida de verdade, esta em que não olho para trás e tenho arrepios. Aconteceu em uma manhã de sábado, em maio. Eu estava com meu primeiro marido, um ator zangado com quem havia me casado quatro anos antes porque pensei que poderia alegrá-lo. Nós tínhamos acabado de sair de nosso apartamento, no sexto andar de um prédio em Manhattan, para comprar comida e, quando a porta do elevador se fechou, meu marido anunciou que tinha tomado uma decisão. Eu achei que ele tinha decidido o que queria jantar.

Não. Ele havia chegado à conclusão de que não me amava mais.

Quando chegamos ao quarto andar ele disse, após refletir, que provavelmente nunca tinha me amado.

Quando chegamos ao saguão, ele confessou que estava apaixonado por outra mulher.

Toda a revelação durou menos de sessenta segundos. E, então, fomos comprar comida. Comprei uma bela peça de lagarto. Estava em promoção. Eu até a cozinhei para o merdinha.

Uma semana depois, ele fez as malas e foi embora, e eu entrei em ação. Pintei o quarto com um tom de rosa-choque capaz de induzir a insônia, porque ele nunca deixou que eu decorasse nosso apartamento do jeito que eu queria, e eu precisava me assegurar de que estava no comando da minha vida. Isso me fez sentir como se estivesse dormindo dentro de um pulmão gigante, mas não me importei. Era o *meu* pulmão agora, e eu podia fazer o que quisesse com ele. Então, parei de comer as guloseimas que eram um substituto para você-sabe-o-quê e perdi 16 quilos em seis meses. (Isso não é *ótimo*?) E pedi demissão do emprego em que escrevia anúncios para *resorts* em Catskills, porque percebi que não teria uma família tão cedo e precisava pensar com seriedade sobre uma carreira.

Ah, e durante esses primeiros seis meses, quando estava perdendo todo aquele peso, também chorei. Eu chorava o tempo todo. Não porque sentia falta de meu marido infiel, mas porque me sentia abandonada, derrotada e estava convencida de que ninguém jamais iria me amar ou sequer gostar de mim. Eu não tinha carreira, futuro, e ninguém para culpar.

Eu tinha 28 anos.

Não era um futuro promissor para me tornar um *chairman*.

No entanto, eu tive duas grandes ideias após ter sido dispensada no elevador. Primeiro, ficar com o homem errado é pior que não ter homem. Segundo, eu estava totalmente despreparada para a carreira, porque eu não era boa em nada. Deveria mudar rapidamente e me destacar em alguma coisa de valor. Felizmente, pensei que poderia escrever. Mas eu teria uma longa estrada pela frente, e havia gastado seis preciosos anos em uma relação fracassada. (Nós namoramos durante dois anos antes do casamento. Você deve achar que eu poderia ter percebido isso antes.)

Depois de ter ficando cansada de sentir pena de mim mesma – naquela época perdi todas as minhas roupas, que ficavam muito grandes no meu corpo –, encontrei um emprego como redatora na Howard Marks Advertising, em Nova York. Ao contrário do trabalho de escrever anúncios de resorts para Catskills, este exigia talento. Eu tinha que adquirir algum, e rápido.

Fui contratada como temporária depois de uma entrevista de trinta minutos com o próprio Howard Marks. Ele não precisou de muito tempo para ver que eu estava magoada, insegura e necessitada – as três características que ele mais adorava em uma pessoa. Acontece que Howard colecionava almas feridas. Assim, seus funcionários vinham com dedicação embutida, e, para ser franca, ele também gostava de salvar vidas. Ele certamente não me contratou pela genialidade dos meus anúncios de *resorts* de Catskills.

Tudo o que Howard queria de mim era lealdade incondicional e comerciais de rádio engraçados para os clientes de varejo que ele atendia em sua cidade natal de Cleveland, Ohio. Lugares como a rede de franquias Arby's e a Cleveland Tux Rentals. Eu estava convencida de que podia ser engraçada – se ao menos conseguisse parar de chorar. Trabalhar para Howard foi a minha primeira experiência sob o poder de uma pessoa controladora. Ele combinava manipulação hábil com borrifadas de psicologia infantil e uma pitada de reforço positivo. Eu assisti a um mestre me controlando da mesma forma como ele controlava todas as pessoas que trabalhavam para ele. Eu o vi extrair melhores trabalhos de nós sem precisar de fato pedir. Ele conseguia isso nos deixando desesperados por sua aprovação e desestabilizados. Nós nunca sabíamos quando o alegre e charmoso Howard apareceria no trabalho ou quando o malvado e irritadiço senhor Marks se juntaria a nós para um açoitamento verbal. Eu acho que isso era mais um resultado de seus baixos níveis de açúcar no sangue do que de qualquer problema psicológico. Ele estava sempre de dieta e achava que podia comer quanto quisesse se o alimento tivesse baixa quantidade de gordura. Ele comia montanhas de camarão no vapor no almoço, apontava para seu prato transbordando e dizia alegremente: "Nenhuma caloria!". Em retrospecto, tenho certeza de que ele tinha colesterol alto, além de diabetes.

Em seus momentos mais lúcidos, Howard desejava o nirvana da criação.

"Se ao menos eu pudesse *convencer* as pessoas a ser mais criativas", ele me disse uma vez, "eu seria rico."

Howard não podia obter criatividade à força, mas podia nos dar confiança suficiente para que abríssemos nossas mentes e libertássemos qualquer genialidade adormecida lá dentro.

Ele também me ensinou que não se pode obter lealdade por decreto. Howard sabia como nos fazer *querer* agradá-lo, especialmente nos dias em que estávamos confiantes de que ele não nos demitiria em um ataque de fúria. Eis como ele me seduziu e manipulou:

Howard me pedia para escrever um roteiro de rádio. Eu escrevia algo e deixava na sua caixa de entrada para aprovação. Então, ele respondia com seus comentários e o motivo da rejeição. (Havia apenas um motivo: "Sem graça!".) Após alguns erros, eu finalmente consegui um roteiro com "Bom." escrito no canto superior direito. Fiquei satisfeita de verdade. Quando mostrei o roteiro ao pessoal de sua equipe, eles gentilmente explicaram seu código para mim. "Bom." com ponto final significa que estava apenas "O.k." e ele podia aceitar aquilo. Cabia a mim decidir se eu podia aceitar aquilo. "Bom!" com um ponto de exclamação significava que ele tinha gostado. Depois disso, eles disseram, os comentários eram autoexplicativos.

Da primeira vez em que recebi um "Bom!" de Howard, me senti ótima! Mas queria tanto sua aprovação que tentaria fazer ainda melhor. Quando um roteiro finalmente retornou com "ÓTIMO!" escrito no canto superior, fiquei eufórica. Isso me estimulou a correr riscos maiores e, com minha confiança aumentando, eu escrevia roteiros que conseguiam de fato colocar um sorriso até em meu rosto infeliz. Depois de um tempo, consegui o maior elogio que Howard podia fazer: um roteiro voltou com "BRILHANTE!!!" escrito no topo.

Sim, pensei, eu *era* brilhante. Era um comercial de rádio para a Cleveland Tux sobre um desafortunado noivo que tinha se esquecido de que iria se casar até um dia antes do casamento. Seus amigos o incentivaram a ir até a Cleveland Tux porque ele conseguiria se arrumar rapidamente, e se sua noiva o matasse, ele sempre poderia usar o *smoking* em seu funeral. "É uma situação favorável em qualquer hipótese", seu padrinho lhe assegurava.

Ao final do meu período de trinta dias em experiência, Howard me incluiu na equipe, e eu absorvi tudo o que ele tinha a me ensinar. Não apenas seu conselho sobre escrever humor, que era: "Não me deixe entediado, está bem?", mas também a maneira como ele, com destreza, seduziu e manipulou sua equipe de modo que nos comportássemos da maneira que ele queria. No começo, pensei que era errado ser tão manipulador. A palavra em si já invoca um mal egoísta, mas acho que há muitos tipos de manipulação. O tipo mais comum, na verdade, é muito normal: é um instinto embutido em nosso DNA. Nós não nascemos tentando controlar nosso universo desde o primeiro suspiro de vida? O que você acha que é toda aquela choradeira quando saímos do útero?

Você provavelmente já é mestra na manipulação e nem sabe disso. Quando tinha apenas dias de vida, já controlava sua pobre mãe. Rapidamente aprendeu que, se chorasse, sua mãe entrava em ação com todo um repertório de serviços para seu prazer pessoal. Você chora e ela a pega no colo. Ou a alimenta, troca suas fraldas ou apenas troca carícias até que você se sinta melhor. Ela fica empolgada quando você para de chorar. Você não precisou de muito tempo para conseguir tudo isso. Quanto poder você tinha sobre ela!

Quando tinha apenas oito meses de vida, você cerrava os olhos e encarava seu pai por entre seus cílios. Você já envolveu o cara completamente com seu dedinho minúsculo, e ele estará lá até que seus hormônios entrem em operação, por volta dos 13 anos de idade, e você se transforme temporariamente em um monstro.

Então, você mesma se torna mãe e paga por todos os seus pecados. Seu filho de sete anos quer um iPod. Você diz que ele é novo demais. Ele diz que todas as crianças da classe dele têm um. Você diz que não se importa. Ele diz que vai colocar o lixo para fora toda noite até entrar na faculdade. Você diz... *E,* ele continua, nunca mais vai lavar e secar no micro-ondas a boneca da irmãzinha dele. Ele será bom para ela até a perpetuidade. Você pergunta se ele sabe o que significa aquela palavra. Ele diz "até o fim dos tempos". Ele pesquisou no www.dictionary.com.

Você dá a ele o iPod.

As pessoas mais bem-sucedidas nos negócios, na guerra, na política e na própria vida são mestres na arte da manipulação. As boas de verdade, como Howard, são mestres da *sedução* e da manipulação, ou S&M, como gosto de dizer. Essa combinação é uma usina de força psicológica, mas, para que funcione, as duas habilidades têm de estar inextricavelmente ligadas. Manipulação sem sedução gera apenas desprezo e ressentimento. Sedução sem manipulação pode ser divertida por um tempo, mas não leva a nada, a não ser a problemas. Pessoas que usam suas habilidades na S&M em favor de seus próprios motivos egoístas merecem ser desprezadas. Aquelas que o fazem por uma causa maior são consideradas grandes líderes. Se a palavra "manipulação" incomodá-la, substitua por "persuasão invisível". É a mesma coisa.

Depois de quase dois anos com Howard, eu havia escrito e produzido centenas de comerciais de rádio, mas apenas um para a TV. E a experiência quase me fez odiar a publicidade antes de eu sequer ter começado de verdade.

Estávamos vendendo um serviço de troca de fraldas e escalamos a mais adorável garotinha de nove meses como A Bebê. O problema era que A Bebê era feliz demais. Ela adorava as câmeras e as luzes, e tudo a fazia rir e gargarejar alegremente. Eu era louca por aquela criança e, sempre que fazíamos um intervalo, eu a segurava e brincava com ela. Mas havia uma cena em que ela deveria chorar, pois sua fralda estava molhada.

"Vamos apenas esperar até que ela fique cansada, e então ela vai chorar, certo?", eu perguntei à mãe. Mas a mãe apenas balançou a cabeça, angustiada. Este era seu primeiro comercial de TV, e ela não sabia o bastante para mentir.

"Ela nunca chora", disse a mãe, aborrecida.

"Ela nunca chora?", o diretor, o técnico de iluminação e eu perguntamos em uníssono.

"Nunca."

O técnico de iluminação começou a apagar as luzes.

"Não, espere", disse a mãe.

Então, ela pegou sua linda bebê e deu-lhe uma mordida na perna. A bebê chorou. As luzes foram ligadas novamente. Filmamos a cena.

Ninguém pareceu se importar, mas eu nunca me esqueci do olhar de alguém que foi traído no rosto daquela bebê, quando sua própria mãe a machucou, por um comercial de má qualidade.

Minha primeira reação foi pensar que precisava sair desse ramo. Mas, então, me convenci do contrário. Eu gostava de publicidade; apenas não gostava daquela parte. Talvez se eu fosse para outra agência, um escritório maior com um departamento de criação de boa reputação, coisas assim não aconteceriam.

Exatamente nessa época, um jovem e ambicioso diretor de criação chamado Bill Westbrook vinha tentando me recrutar para sua agência em Richmond, Virginia, uma prestigiosa agência regional chamada Cargill, Wilson & Acree. Eu conhecera Bill quando era uma mulher obediente ao meu primeiro marido, o ator rabugento. Bem no começo de nosso casamento, meu marido havia sido recrutado e enviado para Fort Jackson, em Columbia, Carolina do Sul, e eu o segui. Lá, conheci Bill em uma pequena agência chamada Newman, Saylor & Gregory. Eles precisavam de um diretora de arte assistente. Eu menti sobre ter as habilidades de que eles precisavam (principalmente tirar fotocópias em uma máquina que era como uma câmera), e eles me contrataram. Eu não tinha a mínima noção de direção de arte e sempre quebrava as copiadoras que deveria ser perita em operar. Nunca tinha visto uma na vida. Depois que veio o terceiro técnico, implorei para que ele me ensinasse a tirar as cópias sem provocar uma crise, e fiquei bem boa naquilo. Mesmo assim, Bill sabia a fraude que eu era como diretora de arte, e não parava de me mandar anúncios para *escrever*. Ele sempre pensou que eu poderia ser boa, e quando se tornou diretor de criação na Cargill, vários anos depois, tentou me contratar. Ele tentou me contratar por dois anos.

Mas sair de Nova York permanentemente e me mudar para o sul era um grande passo para uma inocente ítalo-americana do Brooklyn, que só tinha viajado de avião uma vez. Eu estava assustada. Bill foi persistente, no entanto, e eu finalmente aceitei. Não tinha nada a perder. Tinha 30 anos e estava desesperada, e às vezes o desespero pode dar até a um covarde a aparência de alguém que tem determinação.

Richmond me colocou num caminho em direção a algo que eu não sabia existir: o teto inquebrável de acrílico. Eu não tinha nenhuma ambição de longo prazo para subir na hierarquia. Eu só queria ser boa em algo que fosse valioso para um empregador e me fizesse conquistar o respeito que eu desejava e o dinheiro que queria. Mas tive dois momentos cruciais em Richmond que mudaram minha vida. O primeiro me fez convenceu das injustiças de ser uma mulher em um mundo masculino.

Eu vinha trabalhando há anos com a Ethyl Automotive Additives (uma marca que competia com a STP Motor Oils). À medida que aprendia sobre sua linha de produtos, também aprendia sobre o motor de um carro. Em pouco tempo, eu já era capaz de trocar velas e, eventualmente, um filtro de óleo. Aprendi a verificar níveis de óleo, trocar as palhetas de um limpador de para-brisas, e calibrar os pneus. Eu era capaz até de *trocar* um pneu, contanto que uma pessoa forte soltasse os parafusos da roda. Embora eu nunca tivesse encontrado de verdade o cliente na Ethyl, ele sempre dizia aos nossos gerentes de conta como estava feliz com seus anúncios e, principalmente, com o texto. Fiquei orgulhosa do trabalho que estava fazendo.

Um dia, enquanto o cliente estava na agência, um anúncio precisou ser quase totalmente reescrito, e isso tinha que ser feito rapidamente. Então, fui chamada para a reunião e apresentada como a redatora que vinha fazendo sua publicidade nos últimos dez meses. Ele foi muito educado comigo (isso deveria ter sido minha primeira dica de que algo estava errado – eu sempre tinha ouvido falar que ele era rude e engraçado com os homens), e explicou o que precisava ser feito em seu anúncio. Eu resolvi o problema na sala de reuniões enquanto ele assistia. Saí pensando que, se ele já gostava de mim antes, agora deveria me *amar.* Ele me aaama. Resolvi seu problema ali mesmo.

No dia seguinte, o cliente pediu que eu fosse afastada de seus negócios. Ele disse que não queria uma garota escrevendo seus anúncios. Fiquei chocada.

"Mas eu venho escrevendo seus malditos anúncios há dez meses. E eu resolvi seu maldito problema imediatamente. Que idiota!"

Só que eu não disse isso, nem nada. Aceitei, exatamente como eu já tinha aceitado coisas dolorosas e injustas a vida toda. Da mesma maneira como aceitei infidelidade de meu ex-marido e o divórcio, em vez de ficar brava com ele, fiquei brava comigo. Isso se chama depressão.

Por que minha autoestima era tão baixa? Eu tive uma infância feliz, com amor e apoio incondicional de meus pais. Minha mãe e meu pai me deram confiança para acreditar que eu poderia ser tudo o que quisesse. Mas talvez eu não quisesse ser nada.

Não era assim no começo da minha vida. Na escola primária, eu era considerada uma criança "superdotada", e eles me colocaram em uma sala especial, onde metade do dia era gasto com tarefas criativas. Eu pintava, fazia modelos de argila e esculpia coisas com papel machê. Na quarta série, eu apareci em um programa de TV local porque tinha feito um carrossel de seis cavalos com objetos domésticos triviais, como absorventes, rolos de papel higiênico, carretéis sem linha (que tinham linha quando os encontrei) e as escovas para limpar cachimbos de meu pai.

Na sexta série, no entanto, com apenas 11 anos de idade, tudo se tornou uma merda. Todos no bairro de nossa escola (e provavelmente em todo o país) foram obrigados a fazer testes que mediam nossos QIs. O meu era alto o suficiente para que eu fosse colocada em um programa de progressão especial que concentrava três anos do ginásio em dois. Fazer parte desse programa significava que eu iria me formar no colegial apenas três meses depois do meu 16º aniversário. Minha família e professores ficaram muito orgulhosos de mim, mas o lado ruim dessa conquista foi que, pela primeira vez na vida, eu enfrentava uma concorrência séria. Nos dois anos seguintes, fiquei trancada em uma sala com 34 gênios. De repente, passei de uma criança superdotada para o elo fraco da corrente. Eu sabia que não era um gênio e estava convencida de que os resultados dos testes estavam errados. Alguém havia cometido um erro terrível. O estudo de progressão especial não era meu lugar. Eu era uma fraude. Logo, comecei a ter um pesadelo recorrente, que perdurou por todos os dois anos do programa. Alguém entrava na sala e chamava meu nome:

"NINAAAAAA DIIISEEESAAAAAAA."

"O quê?"

"VENHA COMIGO."

"Por quê?"

"HOUVE UM ENGANO TERRÍVEL."

"Ó, Deus."

E eu era arrastada para fora da classe em meio aos murmúrios de meus colegas, que sabiam o tempo todo que eu era uma fraude.

"Eu sabia", algumas crianças falavam alto.

"Era óbvio que o lugar dela não era aqui conosco."

"Ela não sabia nenhuma resposta."

Assim, minha longa estrada para a insegurança começou quando eu tinha 12 anos e durou até o fim dos 13 anos, quando sofri uma metamorfose quase que da noite para o dia, de uma perdedora tímida e insegura para uma arrogante babaca de primeira.

E esta foi minha segunda epifania. Se você quiser virar uma idiota, a vida irá lhe oferecer amplas oportunidades para atingir seu objetivo.

Eis o buraco onde nunca esperava cair, mas caí.

Como a carreira em publicidade começou tarde em minha vida, foi fácil ficar obcecada por me atualizar, e, em Richmond, eu trabalhava o tempo todo. Ao final de meu primeiro ano, havia escrito e produzido centenas de anúncios para jornais e revistas. Até esse momento, minha insegurança me tornara muito complacente, no sentido em que eu raramente lutava por meu trabalho, ou por qualquer outra coisa, por sinal. Se alguém achava que um anúncio não era bom o bastante, eu continuava trabalhando nele ou tentava uma abordagem diferente. Eu provavelmente era muito complacente, demasiadamente ávida por agradar, boazinha demais. Isso não durou.

Ao final daquele primeiro ano, a agência inscreveu quase todos os nossos trabalhos na divisão regional de uma prestigiosa mostra nacional de criação. A noite da cerimônia de premiação chegou, e, embora eu não quisesse ir, fui pressionada a estar presente com o resto da agência. O auditório onde os prêmios estavam sendo entregues estava lotado com todos que trabalhavam com publicidade em Richmond. Fiquei tão intimidada que me sentei bem no fundo da grande sala e fiquei torcendo para que ninguém me notasse.

Então, logo na primeira categoria, um de meus anúncios ganhou o primeiro lugar. Eu tive que me levantar e caminhar do fundo da sala até a frente, onde alguém me entregou o prêmio, apertou minha mão, e posou para uma foto comigo. Então, caminhei de volta para meu assento. Fiz tudo isso sozinha, porque meu diretor de arte e parceiro era um eremita e não se sentiu compelido a aparecer naquela noite.

Logo depois que me sentei, outro de nossos anúncios ganhou o primeiro lugar em outra categoria. E então outro. Todas as vezes que chamavam meu nome, eu tinha que caminhar por toda a extensão da sala para subir ao palco e receber o prêmio. Depois que isso aconteceu três ou quatro vezes, o fotógrafo parou de tirar minha foto. Eu pensei em me sentar mais perto do palco, mas temi que isso parecesse presunçoso de minha parte, como se eu esperasse continuar ganhando. Então, me arrastei até a cadeira na última fileira, até que chamaram meu nome de novo, e de novo, e de novo. Após várias outras jornadas, o público ficou cansado de me aplaudir. Com o tempo, eles começaram a rir quando meu nome era chamado.

Perto do encerramento, acho que detectei mais do que alguns suspiros. Meus anúncios ganharam 27 prêmios naquela noite, e todos na comunidade publicitária de Richmond conheceram meu nome e minha aparência. De frente e de costas.

Ao ficar famosa em Richmond, virei uma pilha de nervos. Pouco depois, tornei-me uma idiota. Eu ainda era uma pessoa basicamente boa, mas com uma tendência clara à histeria. À medida que o tempo passava, eu temia mais e mais que minha recém-conquistada reputação criativa fosse um golpe de sorte e que um anúncio ruim pudesse me mandar de volta ao ostracismo.

"NINAAAAAA DIIISEEEEESAAAAAA, DEVOLVA SEUS VINTE E SETE PRÊMIOS!"

Isso me fez desconfiar de qualquer um que tentasse interferir em um de meus anúncios. E eu era descaradamente desconfiada. Infelizmente, qualquer tipo de esbravejo é normal no lado criativo do ramo da publicidade, e ninguém sente necessidade de manter as pessoas de criação sob controle. Eu acho que é senso comum que, se formos contidos de qualquer forma, isso irá afetar de algum modo a liberdade caótica que abastece nossa criatividade.

Posso dizer apenas que isso é besteira?

Só estamos sendo grosseiros, e quanto mais nos safamos com isso, mais difíceis de aguentar ficamos. A grande questão é: por que somos tão inconstantes? A resposta: estamos cagando de medo. O tempo todo.

Todos os profissionais de criação que ganham a vida com o intelecto ficam loucos mais cedo ou mais tarde: escritores, pintores, músicos, atores, diretores. Nós merecemos, de vez em quando, um atestado de loucura. É por isso que fazemos coisas como beber ou usar drogas em excesso, fazemos sexo promíscuo e perdemos a cabeça e atiramos telefones nas pessoas. Todos nós nos campos da criação estamos sempre com medo, porque acreditamos que o talento é arbitrário e a criatividade é subjetiva.

Odiamos subjetividade.

Uma ideia criativa que pensamos ser brilhante pode, na verdade, ser uma porcaria, e sempre há muitas pessoas que podem perceber isso e ser indiscretas o bastante para nos chamar a atenção. O que nos deixa inseguros.

Também odiamos insegurança. A única coisa que odiamos mais do que nossa própria e patética falta de confiança é a humilhação pública, e nós caímos em cima de qualquer um que nos empurre para dentro dessa horrível zona.

Eis o que aconteceu comigo: eu não bebi, usei drogas ou fiz sexo promíscuo (quem tinha tempo?), mas perdi a cabeça. Uma vez isso quase me matou.

A primeira vez em que saí completamente do sério foi pouco depois daquela noite em que recebi os prêmios em Richmond. Estava sentada em meu escritório, comendo uma maçã verde, quando um dos gerentes de conta da agência, um pacato ex-oficial do exército chamado John, entrou com um anúncio impresso que eu havia escrito para o Planters National Bank. O cliente tinha mudado meu título, e John havia consentido. (Na Cargill, isso era um tabu. Ninguém, senão o autor, podia alterar um texto.)

O anúncio de página inteira de jornal que causou o problema era para uma promoção que visava atrair novos clientes para a poupança. Para isso, ele oferecia jogos de jantar toda vez que alguém fizesse um depósito em uma caderneta de poupança. Foi a época das "torradeiras grátis" dos bancos. Você se lembra daquele tempo? Quando os banqueiros competiam por você usando suborno? Não? Você tem sorte. Significa que você é jovem.

Meu título era:

Se você não pode economizar por amor ou dinheiro,
que tal por alguns pratos grátis?

O cliente achou que era muito irreverente e não vendia bem o bastante. Ele queria que o título fosse:

Se você não vai economizar pela nossa taxa
de 5% na caderneta de poupança,
que tal por um adorável jogo de jantar de 5 peças?

Eu deveria ter dito calmamente: "Bem, John, *isso* está ridículo". Ou até algo mais forte como: "Eu *não* vou alterar esse título, John".

Se, na época, eu soubesse o que aprendi muito depois, teria sido diplomática e manipulado John com sedução e charme. Eu teria sorrido para aquele gerente de contas que estava arruinando minha reputação e dito: "Bem, John, certamente isso é mais pertinente. Você e o cliente são muito espertos ao ir 'direto ao ponto', como o anúncio foi... *Entretanto*... Ele carece do elemento surpresa, não? Ele não transmite uma personalidade humana para o banco, como o título original fazia. Além do mais, e eu digo isso com todo respeito, é um pouco... sem sal, você não acha? *JOHN*? Digo, John." Sorriso. Piscadelas. "Sério. Por que mudar algo tão perfeito?"

Mas, em vez disso, o que saiu de minha boca foi:

"Ó, Deus. Você está de *sacanagem* comigo? Ficou uma *merda! Fodeu* completamente com a *porra do anúncio. Aaaaaaarrrrghhhh!*"

Acredite se quiser, eu nunca tinha usado o verbo "foder" em nenhum contexto até os meus 30 anos. Aos 31, o estava usando como verbo, adjetivo, advérbio e substantivo.

Na Cargill, eu usava a palavra o tempo todo. Infelizmente, como eu a usava naquela hora, estava gritando também com o pobre John, e com a boca cheia da maçã verde. Fiquei azul (como ele me disse depois), então ele me deu um forte tapa nas costas e um pedaço de maçã voou da minha boca e aterrissou no texto do anúncio assassinado pelo cliente, que ele havia deixado na minha mesa. *SPLAT.*

"Você não deveria gritar de boca cheia", disse John, e então caminhou calmamente para fora de meu escritório, fazendo as moedas soltas em seu bolso tilintar. Ele sempre fazia isso e me deixava louca, mas seu tilintar também avisava quando ele estava vindo do corredor para meu escritório, e eu geralmente conseguia me esconder no banheiro antes que ele me alcançasse.

Limpei a maçã do texto e alterei o título de volta para o que eu havia escrito. No final das contas, chegamos a um acordo e rodamos o anúncio com esta chamada:

Se você não quer economizar pela nossa taxa de 5%, que tal por alguns pratos grátis?

Era melhor do jeito original. A atitude inesperada e irreverente teria feito que o anúncio se destacasse mais e prendesse a atenção do leitor. E, certamente, era mais humano. Mas eu estava à frente de meu tempo. Bancos não queriam ser humanos naquela época. Eles queriam ganhar sua confiança com utensílios domésticos grátis.

Então, o que você pode aprender com isso? Obviamente, uma lição é não ter ataques de fúria enquanto come, porém o que mais? Eu não ganhei a batalha. Eles alteraram meu título mesmo assim. E eu não saí daquele incidente com uma posição mais alta na agência. Assumir uma posição daquela forma fez que algumas pessoas tivessem medo de mim, mas não ganhei mais respeito dos gerentes de contas. O pessoal de criação achou engraçado, e eu consegui um pouco de sua admiração equivocada, mas o resto da agência pensava que eu era apenas uma esquentadinha de Nova York e pomposa demais. Levou muito tempo para que isso fosse esquecido. Valeu a pena? Talvez, se tivesse salvado meu título. Mas nem isso eu consegui.

No geral, o tempo que passei em Richmond definiu o rumo duas décadas seguintes da minha carreira. Fiz muitas coisas de maneira distinta em meu caminho rumo ao topo da publicidade. Eu não era uma pessoa retraída com os homens com quem trabalhava e não ligava de ter ataques de fúria na frente deles. Isso os assustava algumas vezes, mas como eram ataques de fúria (coisas que você faz sozinho) e não brigas (coisas que você faz com eles), eles aprenderam a não levar essas crises para o lado pessoal. Os ataques revelavam minha vulnerabilidade aos meus colegas homens, e por vezes até quebrei a Regra Fundamental #1 ao chorar na frente deles. Nada disso me prejudicou na jornada rumo ao topo.

Tive um início tardio, mas o fato de ser mais velha me forneceu maturidade e percepção sobre as pessoas, algo que eu não tinha quando saí da faculdade. Eu sabia, por exemplo, que, para controlar meu destino, eu tinha que conquistar as pessoas que podiam me ajudar e dispersar as que estavam ali para me prejudicar. Eu tinha que aprender a seduzir e manipular todos, não apenas os homens, e eu tinha que fazer isso de maneira que fizesse as pessoas me amar, e não nutrir um ressentimento.

A única maneira que eu conhecia para fazer isso era colocando os interesses dos outros em primeiro lugar, porque isso é tudo com o que as pessoas se importam de verdade. "E que vantagem eu levava?" É a pergunta mais poderosa no ramo da publicidade e na própria vida. Até as pessoas mais filantrópicas são generosas porque isso faz que elas se sintam bem.

Também tentei ajudar todos que eu seduzia e os manipulava a ser pessoas melhores, não apenas melhores na profissão que escolheram. Eu não sou nenhuma Madre Teresa, pode acreditar. Fiz isso principalmente porque achava que era mais fácil trazer as pessoas para o meu lado quando agia de forma altruísta.

Existem muitos rótulos para o meu processo, mas na verdade é uma combinação de manipulação, por mais odiosa que esta palavra com "M" seja para alguns. Porém, as pessoas com quem trabalhei insistem em dizer que eu "manobrava" os outros e eventos, não apenas os manipulava. Chame do que quiser, isso tem sido o meu estilo praticamente desde o início, e uma das razões (acredito eu) do meu sucesso.

Aprendi isso com a publicidade. Aprendi muito neste negócio.

2
CORAÇÕES SUPERAM MENTES

Se as pessoas respondessem à lógica pura, não haveria necessidade alguma do tipo de publicidade emotiva que fazemos hoje. Teríamos motivos sólidos e bem definidos pelos quais uma marca, um produto, um serviço, um candidato político ou uma opinião deveriam ser preferidos em detrimento de outros. Nós não pediríamos às pessoas que sentissem algo por uma marca. Certamente, não precisaríamos de profissionais de criação torturando seu cérebro para pensar em maneiras engenhosas de fazer você se apaixonar. E é isso mesmo que os publicitários fazem, em poucas palavras. Usamos charme, humor, surpresa, intriga, efeitos especiais, celebridades, crianças e cachorros em nossa tentativa de fazer o consumidor se apaixonar por uma marca, uma causa ou o próximo presidente. Apelamos para o amor, porque sabemos, sem sombra de dúvida, que na batalha entre a cabeça e o coração, *o coração sempre vence.*

Se a cabeça vencesse, todos os anúncios diriam a mesma coisa:

"Dois bons motivos para beber Coca-Cola em vez de Pepsi."

"Quatro razões muito boas para usar Mastercard em vez de Visa."

"Os seis motivos mais excelentes para usar a Verizon em vez da AT&T."

Você provavelmente mal pode esperar para ouvir quais são esses motivos *mais excelentes.*

Se a lógica fosse tudo do que você precisasse como mãe, seria mais fácil criar os filhos:

"Sete razões importantes para colocar seus brinquedos na caixa de brinquedos quando acabar de brincar com eles."

E pense em como seria fácil manter-se casada:

Uma justificativa perfeitamente razoável para não me trair

Na publicidade, temos que fazer as pessoas amar a marca e vê-la como se ela pertencesse a elas. Embora talvez seja verdade que as pessoas preferem o sabor da Coca ou da Pepsi, elas vão começar a ser pessoas Coca ou pessoas Pepsi em suas vidas por causa da maneira como elas se sentem em relação à marca.

MasterCard e Visa são cartões de crédito idênticos *por lei*. Não há diferença alguma entre eles. E, ainda assim, dez anos atrás, as pessoas ignoravam o MasterCard, que ficava escondido em suas carteiras. Elas usavam o Visa, o cartão para pessoas ricas que sempre estavam em férias esquiando nos Alpes. Era isso que elas queriam ser. Então, a McCann criou a famosa campanha "Não tem preço", que posicionou os usuários do MasterCard como nobres gastadores, que usam o crédito para o bem maior de seus relacionamentos, sua família e a humanidade em geral. Hoje, a MasterCard tem crescimento de dois dígitos há 13 trimestres consecutivos, porque a marca provou que tinha um coração e uma alma. Como seres humanos, reagimos a isso de forma significativa. Nos apaixonamos pela MasterCard. Agora, a personalidade da marca MasterCard é aquela que todos querem ter.

Não é diferente do mundo real. Nenhuma criança de 4 anos guardará seus brinquedos a menos que você lhe dê um motivo para guardá-los. E o jeito de manter um homem exclusivamente na sua cama não é só com palavras, certo?

Tudo isso é feito com persuasão invisível. Às vezes, isso é chamado de motivação, mas na verdade é uma forma de manipulação gentil ou benevolente. Estamos mudando o comportamento de uma pessoa sem que ela perceba, ou se sinta mal por isso. Essa habilidade também é apropriada para outros setores do mundo corporativo, não importa se você esteja vendendo investimentos, imóveis ou a si mesma dentro de uma empresa. A persuasão invisível, combinada com uma recompensa emocional, sempre é mais potente do que somente a lógica.

Embora isso funcione com todos, é especialmente recompensador com os homens. Todos os homens em nossas vidas – aqueles com quem trabalhamos ou convivemos, que admiramos ou desejamos, e até amamos ou odiamos – são mais fáceis de controlar se dominamos a arte da S&M. Homens não são tão complicados, e eu digo isso com imenso respeito e afeto. Adoro os homens. Admiro a maneira como pensam – é diferente da nossa, mas fascinante mesmo assim. Fico maravilhada com seu senso de humor, sua coragem sob pressão e sua habilidade de compartimentar as coisas, mesmo quando isso significa que estão me enfiando em uma gavetinha. Adoro a maneira como os homens olham e até como andam. Mas eles não são tão difíceis de seduzir e manipular. Em primeiro lugar, eles adoram sedução e, em segundo, não se dão conta da manipulação. Quando insinuo isso a eles, eles concordam inteiramente sobre a parte da sedução, mas não admitem que possam ser manipulados.

Simplesmente seja sincera sobre a sedução, e quando manipulá-los de fato terá de fazê-lo para o bem deles também. Você da mesma forma tem que gostar deles. A maioria dos homens, que não tem a menor noção de qualquer coisa intuitiva e tem tanta sensibilidade quanto uma porta, vai notar se você não gostar deles. Isso eles saberão reconhecer. E então não vão gostar de você.

Borde isto em uma fronha, ou, melhor ainda, tatue no seu punho:

Homens gostam de mulheres que gostem deles.

Desconfiei disso desde cedo, mas nunca havia feito um teste de verdade até conhecer um homem que podia deixar qualquer mulher sã a seus pés. De um jeito tortuoso, esta pessoa, o homem mais frustrante que já conheci no mundo dos negócios, também foi aquela que se tornou para mim uma das mais queridas. Levei três meses para fazer a transição entre querer matá-lo (de verdade) e protegê-lo a todo custo. Naquela época, o chamávamos de

Frank "O Louco" Costantini. Assim que consegui controlá-lo, sabia que não haveria outra pessoa viva no mundo que conseguiria me atormentar de novo. E foi assim por quase dez anos, até que conheci um gênio chamado Peter Kim, que me atormentou ainda mais. Mas vou contar essa história bem mais na frente.

Conheci Frank na Young & Rubicam, em 1985. Naquela época, ele era conhecido como um profissional de criação maluco, mas era (e ainda é) um brilhante pensador conceitual. E também era muito bonito.

Não sei se o diretor de criação nos colocou para trabalhar juntos porque tinha um brilhante julgamento de caráter ou se o fez pelo fato de Frank e eu sermos ítalo-americanos. Tempos depois, alguém me disse que a parceria de Frank com seus colegas redatores durava o tempo de uma sessão dupla de cinema, e que eu acabei sendo a única que conseguiu lidar com ele. (E até para mim foi por pouco.) Depois de nossa parceria produzir um trabalho melhor do que o esperado, me disseram que juntos éramos perfeitos, porque Frank tinha ideias extravagantes e eu ajudava a transformá-las em publicidade "sólida". Não era exatamente um grande elogio para mim, mas eu era o membro mais responsável do time, enquanto ele se exibia fazendo manobras radicais.

Frank também era membro de um grupo de elite de pessoas de criação egoístas na Y&R (todos homens jovens), que pensavam que todos os outros na agência eram picaretas. Na verdade, não poderia haver duas pessoas tão distintas quanto Frank e eu na história da publicidade.

Ele era descolado; eu não.

Ele era descontrolado e imprevisível; eu era completamente certinha.

Era óbvio que Frank gostava de se divertir; eu preferia me preocupar.

Ele já tinha uma reputação de estrela da criação na Y&R; eu ainda estava tentando me mostrar uma força criativa.

A diferença mais desafiadora foi que eu era uma experiente profissional de criação, com o lado direito do cérebro saudável (criatividade, intuição) e o lado esquerdo do cérebro totalmente funcional (raciocínio lógico e comportamento adulto). O hemisfério esquerdo de Frank estava atrofiado. O lado esquerdo de seu cérebro estava morto.

Mas a maior disparidade entre nós era a idade: embora ele parecesse dez anos mais velho que eu, na verdade eu era dez anos mais velha. (Pelo menos era naquela época. Acredito que agora temos a mesma idade!)

Ainda assim, apesar dessas diferenças monumentais, a única ressalva de Frank a meu respeito era a de presumir que eu não conseguia ser engraçada, e ele gostava de fazer comerciais engraçados. Não sei por que ele pensava isso de mim, mas talvez tivesse a ver com o fato de eu sempre parecer aflita com algo e estar sempre carrancuda. Depois, quando começamos a vender nossos trabalhos e filmar comerciais de TV em Los Angeles, recebíamos fotografias que haviam sido tiradas nos *sets*. Frank sempre saía rindo e flertando com as garotas do roteiro ou as maquiadoras, enquanto eu aparecia sentada sozinha, franzindo as sobrancelhas. Esta era nossa parceria, em resumo.

No entanto eu acabei me revelando mais engraçada do que Frank havia imaginado. Assim que paramos de brigar, escrevemos juntos comerciais muito divertidos e éramos sempre nossa melhor plateia – nós nos matávamos de rir. Mas qualquer um que nos conhecesse desde o início teria apostado que seria mais provável que nos matássemos. Nossos primeiros meses foram horríveis. Tudo o que fazíamos era brigar, e não finalizávamos nada.

Nosso problema girava em torno da maneira como trabalhávamos em equipe. Pensávamos em ideias e cenários juntos, mas se o plano exigisse um diálogo, nos separávamos. Eu voltava para meu escritório (ou meu apartamento, se já fosse tarde da noite) e escrevia alguns roteiros. Então, voltava para o escritório dele (grande erro) e lia os roteiros para ele. Se ele não gostava de alguma coisa, dizia: "Está uma merda". Ou: "Você chama isso de engraçado?". Na verdade, não me importava com aqueles comentários. Se algo não estava funcionando, era melhor ouvir isso dele, e eu confiava em seu julgamento.

Era quando ele jogava o roteiro em mim e dizia "Como você pôde trazer uma merda como essa para mim?" que eu explodia. O problema dessas brigas era que ninguém conseguia ouvir a parte de Frank na discussão. Tudo o que ouviam eram meus gritos. Era mais ou menos assim:

"Como você tem coragem de me trazer uma merda como esta?"

"Trazer esta merda? Trazer esta merda para VOCÊ? Quem diabos você pensa que é, seu merdinha?"

"Quanto tempo você levou para escrever isso? Cinco segundos? Não dá para aceitar isto."

"ACEITAR? ACEITAR? Quem foi que morreu e fez de VOCÊ o maldito Rei da Comédia?"

E, então, o insulto final:

"Volte quando tiver algo melhor."

"IMBECIL, IMBECIL, IMBECIL, IMBECIL!!!"

A fama de que eu era difícil, emotiva demais e – o pior de tudo – malvada com Frank, se espalhou rapidamente. Os membros de seu grupo começaram a falar mal de mim, e, instantaneamente, conquistei a distinta honra de ser odiada pela elite da criação na agência. Não era a situação ideal, já que o meu objetivo era conseguir uma boa reputação criativa. Eu queria matar Frank.

Então, aconteceu algo que abriu meus olhos.

Como todos sabiam que Frank e eu não nos dávamos bem, seus inimigos começaram a sair de seus esconderijos. Havia outros redatores que Frank tinha insultado e com quem havia se recusado a trabalhar, e essas pessoas pensavam ter em mim uma alma gêmea. Seria eu um desses redatores que não estavam à altura dos padrões de Frank?

No começo, eu defendia Frank para aqueles perdedores.

"Ele é muito inteligente", eu dizia. "Pessoas inteligentes como ele não têm muita paciência." Eu queria acrescentar "com picaretas como vocês", porém me segurei. Depois que um de seus críticos me abordou pela terceira vez, no entanto, me descontrolei:

"E o que você fez de tão bom? Talvez você simplesmente não seja bom o suficiente para ser seu parceiro. Talvez você apenas seja ruim. Já pensou nisso?"

Isso não ajudou a melhorar minha reputação de esquentadinha, mas pelo menos as pessoas pararam de falar mal do meu Frank.

Meu Frank?

Quando foi que aquele maníaco se tornou o *meu Frank*? Talvez exatamente quando ficou claro para mim que eu não só tinha que protegê-lo, mas conquistá-lo. E, o mais importante, eu queria trazê-lo para o meu lado. Era essencial conseguir seu respeito e fazer que ele me valorizasse como uma parceira de verdade. E isso tinha que ser feito rapidamente, ou ficaríamos separados como equipe. Se isso acontecesse, eu sabia que meu próximo parceiro seria um perdedor, alguém que não seria tão criativo ou tão ligado ao trabalho como Frank. Esta era a única coisa da qual eu gostava de verdade nele. Ele era tão obcecado pelo trabalho quanto eu, e não havia muitos outros assim na Y&R naquela época. Eu precisava segurá-lo e, para fazer isso, tinha que fazer que Frank precisasse de mim.

Minha grande oportunidade surgiu quando fomos designados como equipe substituta para os Salgadinhos sabor queijo da marca Cheetos, da Frito-Lay. Legalmente, sempre tínhamos que nos referir ao produto desta forma na primeira vez em que fosse mencionado em um comercial: Salgadinho sabor queijo da MARCA Cheetos. Tínhamos que dizer tudo isso para proteger a marca registrada, mesmo quando fosse parte de um diálogo saindo da boca de um ator. Por exemplo, ninguém em um comercial podia dizer "Ei, Agatha, quer um Cheetos?". Tínhamos que dizer: "Ei, Agatha, quer um Salgadinho sabor queijo da marca Cheetos?".

Tentamos de tudo, mas sempre perdemos para os advogados.

"Se não protegermos a marca registrada, então todo mundo que fizer salgadinhos estufados de milho poderão chamar seu produto de Cheetos", eles ficavam repetindo. "Veja o que aconteceu com 'Xerox'. E 'Kleenex'."

Não importa.

A percepção do consumidor era de que esses salgadinhos de milho crocantes, estufados e alaranjados eram muito envolventes e confortantes Os que comiam muito até diziam que se sentiam melhor quando estavam se esbaldando com Cheetos... Os Salgadinhos sabor queijo da marca Cheetos. Eles podiam, literalmente, isolar o mundo. Então, Frank inventou uma ótima frase de encerramento (também conhecida como *slogan*).

Coma Cheetos e desencane.

Ficamos loucamente apaixonados por aquela frase e criamos comerciais muito engraçados com influências nova-iorquinas, que provavelmente não teriam apelo junto ao sudeste protestante, mas isso pouco importava? "Coma Cheetos e desencane." Era brilhante, e Frank adorava dizer essa frase ao final de nossos roteiros de TV:

Salgadinhos sabor queijo da marca Cheetos.
Coma Cheetos e desencane.

Mas foi tudo em vão. Não conseguimos vender a frase nem a campanha. Tínhamos que voltar para a prancheta de desenho. (Agora, é claro, dizemos "voltar para nossos Macs".)

Na segunda tentativa, decidimos quebrar nossa própria tradição e olhar de fato para o *briefing* que nos tinham dado para a tarefa. Isso significava que tínhamos que ler a estratégia de criação elaborada pelo pessoal do planejamento estratégico. E adivinha? Era boa! Falava sobre envolvimento emocional e a grande satisfação que as pessoas sentem ao comer Cheetos. As pessoas amam seus Cheetos. Então, ligamos os pontos e deduzimos que esse forte envolvimento emocional e satisfação faziam o consumidor se sentir feliz. Escrevi a frase:

Se quiser ser feliz, coma mais Cheetos.

Os advogados ficaram sabendo disso e tentaram nos convencer a dizer:

Se quiser ser feliz,
coma mais salgadinhos de queijo da marca Cheetos.

Mas depois concordaram que, se disséssemos "salgadinhos de queijo da marca Cheetos" na primeira vez em que mencionássemos o produto, não teríamos que dizer novamente no *slogan*.

Nós adoramos a nova frase. Ela não apenas seguia exatamente a estratégia, mas realmente encorajava o consumo. "Coma mais Cheetos." A campanha era toda sobre pessoas que ficavam mais felizes porque estavam comendo o salgadinho. Todos os roteiros eram muito engraçados, e todas as vezes que os lia, as pessoas riam. Às vezes, eu perguntava a Frank se ele queria ler um roteiro ou outro, mas ele sempre se recusava, então eu os encenava. No começo, eu tinha que atuar nos comerciais, porque Frank não podia perder seu tempo fazendo storyboards.* Na verdade, era mais divertido trazer comerciais à vida do que segurar um storyboard e declarar o óbvio:

"Nesta cena, temos *close-up* do pacote de Cheetos."

Demorei a perceber que Frank tinha medo de falar em público. Se tivesse que apresentar a parte criativa, ou mesmo fazer apenas a introdução, ele travava. Mas a campanha estava ganhando muita atenção internamente, e eu sabia que ele estava se sentindo isolado. Então, eu fazia a introdução (explicava a ideia da campanha e como ela era alinhada à estratégia) e depois apresentava um comercial. Se as pessoas rissem, ele apresentava o segundo comercial. Em pouco tempo, estávamos dividindo os roteiros entre nós.

Apresentamos aquela bendita campanha tantas vezes que ela logo ficou "famosa" nos corredores da Y&R – e ainda nem havia entrado em produção. John Ferrell, nosso diretor-executivo de criação, ficou tão apaixonado pela campanha e por nós que nos fazia apresentá-la sempre que estivesse em uma reunião. Nem

* Quando apresentamos um comercial de TV, criamos um *storyboard*, no qual desenhamos várias cenas de um comercial para dar às pessoas uma ideia de como será o produto final. Então, o texto é escrito ao lado de cada cena – ou quadro – e fazemos a apresentação a partir dali. Também não é incomum encenarmos o comercial de TV, mas sempre temos um *storyboard* que transmita nossa visão para o comercial e mostre onde os produtos entrarão.

importava do que se tratava o encontro. Não nos importávamos. Adorávamos apresentar a campanha porque sempre recebíamos risadas espontâneas de todos, e isso reforçava nossa convicção de que éramos gênios da comédia.

Aquela foi a primeira vez em que Frank conseguiu apresentar um trabalho sem engasgar, e, com o tempo, quanto mais ele apresentava, mais relaxado ficava e mais confiante se tornava. Para ajudá-lo ainda mais, escrevi um comercial com uma celebridade apenas como peça de apresentação, algo para que ele encenasse, porque era divertido e era o tipo de comercial em que ele poderia atuar muito bem. Nós não tínhamos verba para uma celebridade no orçamento, mas todos gostaram tanto do roteiro que acabamos filmando mesmo assim. A celebridade era Lee Van Cleef, aquele maravilhoso ator do gênero faroeste-espaguete. Ele sempre fazia o papel do homem malvado e carrancudo. Este era o comercial do Cheetos:

CHEETOS "BAR/VAN CLEEF" ROTEIRO DE TV – : 30

Lee Van Cleef entra violentamente em um bar do Velho Oeste. Todos se encolhem de medo. Ele caminha de forma ameaçadora até o balcão, onde o garçom está agachado atrás. Quando o garçom se levanta de novo, vemos que ele pegou um pacote de Cheetos, mesmo estando aterrorizado. Ele certamente precisa ficar feliz com algo. Quando a narração do locutor sugere que o sabor generoso e a textura crocante de Cheetos (salgadinhos de queijo da marca Cheetos) o deixam feliz, o garçom tenta oferecer seu pacote de Cheetos ao senhor Van Cleef. Lee joga o pacote longe.

"Eu não quero ser feliz", ele resmunga.

(Nessa hora, Frank fazia sua melhor imitação do rosnado de Lee Van Cleef.)

"Você acha que eu estaria onde estou hoje se soubesse sorrir?"

Então, a cena cortava para a foto do produto com o *slogan* "Se você quer ser feliz, coma *mais* Cheetos". E balas de revólver estilhaçavam as letras.

Apresentar esse tipo de comercial era sempre o melhor momento de Frank, e, junto com seu novo sucesso como comediante, surgiram também respeito e afeto por mim. Até hoje, quando ele liga para mim no trabalho, se identifica como meu irmão.

No final, Lee Van Cleef foi tão bem-aceito que fizemos outro comercial de celebridades com Tom Smothers, e depois mais um com uma terceira celebridade. Passávamos muito tempo em Los Angeles, que perdia apenas para Aspen na lista de lugares favoritos de Frank. Eu odiava Los Angeles. Eu não ficava bem em tons pastéis. E havia também aquelas estrelinhas nórdicas loiras para competir comigo. Não era legal.

Depois de nosso triunfo com o Cheetos, Frank e eu ficamos grudados como irmãos. Um ano após o início dessa inesperada amizade, fomos abandonados ao mesmo tempo por nossos respectivos amantes e íamos trabalhar todas as manhãs reclamando sobre como o conceito de amor era inútil, e então escrevíamos comerciais engraçados para o Cheetos ou para qualquer outra tarefa que nos dessem. Contanto que eu o tivesse ao meu lado, sabia que não poderíamos fracassar em nada. Além disso, ele era muito divertido. Morríamos de rir o dia todo e, então, quando chegava a hora de ir para casa, chorávamos sobre quão solitário era um apartamento vazio. Nunca pensamos em ir para casa juntos. Não tínhamos esse tipo de relacionamento. Mas foram dois ótimos anos para nós dois.

Frank me ensinou que seria muito mais fácil converter um homem quando eu parasse de sentir raiva dele. Na verdade, é impossível seduzir e manipular alguém de quem você não goste. Lembre-se daquela tatuagem no seu punho ("homens gostam de mulheres que gostam deles"). Assim que comecei a gostar de Frank, ficou mais fácil ignorar suas idiossincrasias irritantes, como o jeito de ele se olhar no espelho atrás de minha mesa enquanto falava comigo. Com o tempo, até passei a achar esses hábitos adoráveis.

Eu não havia me preparado para seduzi-lo e manipulá-lo. No começo, minha decisão de tentar melhorar sua imagem foi resultado de um carinho crescente por ele, mas foi uma experiência que abriu minha mente. Todos querem ser heróis, todos querem ser admirados e respeitados. Se você puder ajudar uma pessoa a alcançar esse *status*, como ela poderá não gostar de você? E, mais importante ainda, como essa pessoa poderá não *precisar* de você?

Fiz outras coisas com Frank que se transformaram nas técnicas fundamentais que eu usaria para administrar os homens. Por exemplo, se ele precisasse de minha ajuda, era sempre em particular. Nunca ficou aparente para ninguém que Frank tinha medo de falar em público porque eu sempre deixava nossa plateia relaxada antes que os holofotes se virassem para ele. E eu o protegia. Quando parei de gritar com ele, ninguém mais tinha permissão para maltratá-lo, direta ou indiretamente. Também era importante reforçar seu *status* de bonitão, assegurando a ele que a pequena área rala no topo de sua cabeça era quase imperceptível e que ele não tinha "perdido o encanto" quando uma mulher terminava com ele ou se recusava a sair com ele (fato raro). Ele precisava saber que tinha meu amor incondicional; era a única forma de ele confiar a mim seu frágil ego.

Embora muito do que eu fiz por Frank tenha sido sincero, meus dois anos com ele forneceram *insights* sobre como lidar com personalidades problemáticas e difíceis de controlar. Manipular habilmente pessoas assim era uma forma de mudar o comportamento sem atrair nenhum tipo de raiva ou ressentimento. Era mesmo persuasão invisível.

Logo me tornei muito competente nisso. Permitia-me manobrar uma situação de modo que o resultado beneficiasse todo mundo. Mas para ser honesta, tudo o que eu estava fazendo era usar o velho truque de sedução e manipulação de Howard Mark. Quando me tornei diretora de criação, já definia essa tarefa como uma ciência e era mestra em várias versões:

Sedução e manipulação com elogios críveis: Digamos que eu queira que minha equipe de criação trabalhe mais em uma tarefa e tenha mais do que uma boa ideia. (Normalmente continuamos trabalhando até acharmos que temos uma grande ideia, digna de prêmio, e então paramos.) Se digo a eles que a ideia que tiveram não é boa o bastante, terei agredido seu ego criativo. E, se há um homem na equipe, eu também terei de alguma forma atacado sua masculinidade. Eu tenho que deixá-los estimulados a fazer trabalho adicional. Primeiro, eu quero fazê-los rir, então me dou crédito pela boa ideia que tiveram, para dar credibilidade.

"Vocês viram que decisão brilhante eu tomei ao incumbi-los dessa tarefa? Vão me dizer que não é um exemplo de liderança criativa da minha parte?"

Então, dou a eles crédito pelo que quer que tenham feito até ali.

"Eu sabia que *vocês acertariam na mosca com essa tarefa. É uma* ótima *ideia."*

E, então, peço mais.

"Será que vocês podem fazer isso só mais uma vez? Ninguém mais vai conseguir inventar nada tão bom quanto a ideia de vocês, e eu não posso entrar lá com apenas um gol de placa."

Eles retornam com mais bom trabalho e agora estão confiantes de que *são heróis.*

Sedução e manipulação com consequências terríveis: Um de meus homens mais experientes está se comportando muito mal. Ele está tratando mal alguém de quem preciso e que respeito. Se eu simplesmente pedir que ele pare, ele não vai me escutar. Se eu o ameaçar, ele não vai me ouvir. Tenho que usar uma combinação de culpa, ameaça e hipérbole para deixá-lo ciente das terríveis consequências de suas ações.

"Se você continuar a ser cruel com Mary, ela irá pedir demissão e eu levarei meses para encontrar alguém que seja quase tão bom como ela. E nesses meses sem ela, todo o departamento de criação irá para as cucuias... as cucuias. Os aumentos serão postergados, promoções não serão aprovadas e reembolsos de despesas ficarão atrasados. Sem dúvida alguma. Todas as pessoas do departamento de criação saberão que você é a causa de seu sofrimento e frustração, e você sabe como a coisa pode ficar feia. Suas vidas serão arruinadas. Porém, mais importante que isso, minha vida será arruinada. E, se

minha vida for arruinada, eu prometo a você, eu prometo, *que vou fazer da sua vida* UM INFERNO NA TERRA."

Ele envia flores a Mary.

Sedução e manipulação com amor durão, mas incondicional: Isto funciona com todos os homens quando quero que eles parem de se comportar mal.

"Não sei por que sou tão louca por você se age como um idiota desse jeito."

O que isso transmite é que eu os amo apesar de suas falhas, mas ainda vejo suas falhas e quero que elas sejam consertadas.

O que estou tentando fazer é alterar o comportamento de pessoas que não entendem necessariamente que aquele comportamento precisa mudar. Isso se parece bastante com o modo como tentamos influenciar o comportamento do consumidor com a publicidade. Ele não vai comprar nosso antisséptico bucal. Queremos que ele o faça. Não podemos ser diretos e pedir que ele compre nosso antisséptico bucal; ele dirá não. Temos que fazer parecer que é uma boa ideia. Como se fosse uma boa ideia *dele.*

Precisamos de um estímulo para fazer com que ele aja a nosso favor.

É difícil pensar em um bom estímulo que funcione. É por isso que somos tão bem pagos na publicidade, mas também é o segredo de todo o comportamento.

Estímulo/Resposta: a chave para a persuasão invisível

A maneira mais eficiente de mudar o comportamento é encorajar as pessoas a chegar às suas próprias conclusões. Na publicidade, fazemos isso com uma técnica comportamental chamada Estímulo/Resposta, isto é, criar o estímulo certo para obter a resposta desejada. Eis aqui dois exemplos famosos:

A Nike não queria ser apenas mais uma fabricante de tênis esportivos. Quando o cofundador Philip Knight era diretor-executivo, ele queria que a marca tivesse um posicionamento mais forte e emotivo. Com a frase implícita "*Just do it*" e uma publicidade sistematicamente brilhante ao longo dos anos, a Nike esculpiu o irrefutável valor global da marca: "Paixão por esportes". Eles poderiam facilmente ter usado uma linha de posicionamento mais grosseira, como "Nós amamos esportes" ou "Esportes são nossa paixão", ou até "Somos esporte". Mas a menos óbvia "*Just do it*" era brilhantemente impetuosa. Fazia que o consumidor ou consumidora chegassem à sua própria conclusão.

Fui formalmente apresentada ao conceito de Estímulo/Resposta quando trabalhava na J. Walter Thompson. Até então, eu vinha usado instintivamente essa técnica de psicologia comportamental, como a maioria das pessoas faz. Mas na JWT isso foi quantificado, e me ajudou a ficar muito melhor na criação de anúncios e controle de pessoas e situações.

Há dois modelos da relação entre estímulo e resposta que usávamos na JWT, e eles servem como bom exemplo de como a mente pode ser manipulada subconscientemente.

*A lição das duas placas:** Você vê duas placas na estrada. Ambas vendem ovos frescos da fazenda. Uma tem uma mensagem malfeita, pintada à mão com tinta escorrendo das letras. Está escrita em um grande pedaço de papelão, e apoiada no tronco de uma árvore:

Fazenda - Ovos frescos - 12 por $1

Do lado oposto da estrada há outra placa; ela contém a mesma mensagem, só que fora pintada profissionalmente. É nítida e limpa e está montada em uma grande moldura fixada em um poste de metal:

Fazenda – Ovos frescos – $1 a dúzia

Qual mensagem afetou seu comportamento? Onde você sente que irá conseguir os ovos mais frescos? Você compra ovos do fazendeiro que pintou sua própria placa e segue em sua viagem. Então, vê mais duas placas, dessa vez para aulas de voo. Uma delas é rústica e

* As placas que ilustram Estímulo/Resposta foram criadas por Ralph Rydholm.

pintada à mão com tinta escorrendo das letras. Está escrita em um grande pedaço de papelão e apoiada no tronco de uma árvore:

Aulas de voo profissional, vire a próxima direita.

Do outro lado da estrada há outra placa. Ela foi pintada profissionalmente, tem aparência limpa e nítida e está montada em uma grande moldura fixada em um poste de metal:

Aulas de voo profissional, 1 Praça Norte

Esses são dois exemplos clássicos e muito simples de Estímulo/Resposta. Você não quer seus ovos de um lugar refinado; você prefere os do fazendeiro, porque ele deu a você um estímulo que dizia "fresco". Ele influenciou sua decisão de comprar os ovos frescos dele.

Da mesma forma, você não quer fazer aulas de voo com uma pessoa não confiável, que acabou de ter a ideia de dar aulas de voo. Quer um instrutor profissional que já faz isso há um tempo – pelo menos, há tempo suficiente para fazer uma placa profissional. Aquela placa fez que você se sentisse seguro em relação às aulas de voo, enquanto a outra a fez correr de medo.

Quando recebe o estímulo certo, é mais fácil mudar o comportamento, motivar a ação ou conquistar completamente o coração de alguém. Mas isso tem que ser específico para suas necessidade e sutil. Um ataque frontal direto geralmente fracassa, porque torna o seu alvo mais obstinado e resistente a você. É especialmente importante se lembrar disso quando se está lidando com machos alfa. Eles não reagem bem quando dizem a eles o que fazer. Eles reagem, no entanto, ao estímulo certo.

Outra lição que o Estímulo/Resposta ensina é que tudo o que você faz envia um sinal. Como a maneira como você se veste, se é uma mulher. Por exemplo, se você usa calças em vez de vestidos, ou se suas saias são muito curtas ou muito longas. Seus sapatos enviam um sinal sobre você, assim como o seu penteado, o comprimento e a cor do seu cabelo, o fato de usar maquiagem ou não, e quanta maquiagem usa. Tudo deixa uma marca, e as pessoas formam opiniões sobre você com base na maneira como você apresenta sua imagem. Exatamente como aquelas placas. Então, pense sobre a imagem que deseja e qual reação quer que as pessoas tenham quando a encontram pela primeira vez.

A "História do homem cego" a seguir é um famoso exemplo de Estímulo/Resposta combinado com publicidade emocional. Todos nós usamos essa história com clientes, porque ela dá a sensação de que nossas habilidades de persuasão podem ser usadas para o bem maior, e não apenas para vender cereais matinais. Não sei ao certo quem criou essa história, mas achamos que foi Charles Saatchi. Ela também tem a ver com uma placa.

A história do homem cego: Um cego se senta em uma esquina da Madison Avenue, em Nova York. Ele está segurando um copo vazio e uma placa que diz "Sou cego. Por favor, me ajude". Mas ninguém o ajuda. Muitas pessoas apressadas olham para ele e passam direto sem colocar sequer 25 centavos em seu copo. Então, um publicitário aparece e percebe que a placa do cego não está alterando o comportamento de ninguém. Ele se oferece para reescrever a placa, e, depois disso, tudo muda. As pessoas param, leem a placa e colocam dinheiro dobrado no copo do homem. O cego pergunta: "O que você escreveu na minha placa?". E o publicitário diz: "Hoje é o primeiro dia da primavera. E eu sou cego".

Eis alguns exemplos de Estímulo/Resposta que manipulam sem malícia. A primeira vez em que usei isso de forma intuitiva foi com meu ex-marido.

PROBLEMA: Meu primeiro marido, o ator emburrado, foi criado em uma casa siciliana à moda antiga, onde as mulheres faziam todo o trabalho e eram verdadeiras escravas dos homens. Como resultado dessa criação, ele não ajudava em nada no trabalho doméstico em nosso casamento. Não é porque ele não queria; ele simplesmente não conseguia fazê-lo. Era quase uma castração para ele. Mas eu tinha um emprego em tempo integral e, ainda assim, cozinhava e fazia toda a limpeza. Quando eu pedia sua ajuda, virava uma briga, e mesmo assim ele não movia um dedo. Depois de um tempo, fiquei tão cansada que tentei uma tática diferente.

SOLUÇÃO: Comprei um super-ultra-aspirador de pó que também era muito pesado e difícil de arrastar pela casa. Depois de uma semana de uso, pedi a meu ex-marido que fosse devolvê-lo porque eu não estava dando conta – eu simplesmente não era forte o bastante. Porém ele queria muito me mostrar que era. Nos últimos dois anos de nosso casamento, era sempre ele que passava o aspirador, e, quando chegamos perto do fim, ele até fez o jantar uma ou duas vezes. Eu havia usado o estímulo certo, combinado com um pouco de vulnerabilidade feminina.

Eu uso essa combinação vencedora o tempo todo com homens nos negócios. Brinco com seu orgulho masculino e seus instintos naturais de proteção do sexo "frágil".

"Eu não consigo entender isto e estou exausta", eu digo a um dos homens no escritório. "E, se isto não estiver pronto até amanhã, estou morta."

"Eu faço", ele dirá, invariavelmente.

Mas a missão de resgate não será realmente satisfatória para ele, a menos que eu demonstre apreço pelo sacrifício que faz por mim. Isso é tão crucial como dizer obrigado.

"Não, não, você também está atolado", digo.

"Eu arrumo um tempo."

"Obrigada. Eu adoro você."

"Eu sei. Não há de quê."

É como sexo quando é ótimo. Todos vão embora se sentindo completos.

PROBLEMA: Eu estava tendo um problema com um dos gerentes de conta seniores quando era diretora de criação do grupo na McCann. Não importava o trabalho de criação que fazíamos para seus clientes, ele nunca estava satisfeito. Às vezes, ele nem ao menos sabia dizer o que havia de errado com uma ideia – ele simplesmente não gostava. Não era uma ideia dele, e ele não a apoiaria perante o cliente, que achava que ele era o último biscoito do pacote.

SOLUÇÃO: Deixei o texto a cargo dele. Achei que, se ele fosse um pouco dono de alguma ideia, seria seu maior defensor. Então, eu o incluía no processo no primeiro estágio. Eu fazia o que pessoas de criação mais odeiam: deixava que ele visse os esboços das ideias antes de elas serem totalmente esculpidas. Era arriscado, mas valia a pena. Eu escutava seus comentários de antemão, e era bem simples guiá-lo em direção às melhores ideias. Ele sempre as defendia com unhas e dentes quando as levava aos clientes. Isso parece uma manobra lógica agora, mas no final dos anos 1980, diretores de criação simplesmente não colaboravam com pessoas que não fossem "criativas" – como diretores de conta ou até mesmo clientes. E não estou certa de que muitos façam isso nos dias de hoje.

PROBLEMA: Eu estava quase sendo contratada como diretora de criação no escritório de Chicago da J. Walter Thompson, mas tinha que ter uma reunião com Jim Patterson, que era o executivo--chefe mundial de criação da JWT. Isso foi antes de ele se tornar James Patterson, um dos romancistas mais lidos do mundo (*Beijos que matam, Na teia da aranha*). Eu tinha que provar para esse homem, que não sabia nada sobre mim, que eu era a candidata perfeita para reerguer o decadente escritório de Chicago.

SOLUÇÃO: Decidimos nos encontrar no almoço, o que significava que eu teria cerca de uma hora para me posicionar como a melhor e mais forte candidata para o emprego. Jim tinha uma barba espessa naquela época, e o sanduíche de salada de lagosta que ele havia pedido estava cheio de maionese, que estava se espalhando por toda sua barba. Graciosamente, indiquei que ele precisaria de um banho quando terminássemos o almoço, e aí ele notou como o meu almoço estava. Limpinho e organizado. "Meu pedido foi melhor que o seu", eu disse a ele. "Quer meu guardanapo?" No dia seguinte, Jim foi entrevistado pelo colunista de publicidade do *New*

York Times, Stuart Elliot, que havia dedicado toda sua coluna à minha mudança para Chicago. A grande citação de Jim foi a de que eu era "a pessoa mais competitiva, entre homens e mulheres" que ele já conhecera. "Mas de uma forma positiva, da forma como você falaria sobre um Michael Jordan ou um Larry Bird querendo vencer."

PROBLEMA: Estímulo/Resposta é uma ferramenta psicológica tão poderosa que funciona até com animais. Meu marido e eu temos cavalos. Uma égua estava comendo capim demais e engordando. Isso é perigoso para algumas raças, e pode levar a aguamento ou laminite, uma condição assustadora que surge rapidamente e é frequentemente fatal. Foi necessário colocar uma focinheira para forçá-la a comer vagarosamente nosso rico capim, em vez de simplesmente devorá-lo. Mas ela odiava a focinheira. Meu objetivo era fazê-la adorá-la.

SOLUÇÃO: Todas as vezes em que colocava a focinheira nela, eu deixava quatro de seus adorados biscoitos para cavalos dentro da máscara para que eu pudesse prender a focinheira atrás de sua cabeça. Agora, ela associava a máscara aos biscoitos e vestia a focinheira praticamente sozinha. Obrigada, doutor Pavlov.

A lição aqui é que a maioria das coisas vivas podem ser treinadas, se a motivação estiver lá e as recompensas forem óbvias. Tarefas desagradáveis são mais bem aceitas quando há uma dose de prazer, mesmo que pequena, ligada a elas. Isto funciona com animais, crianças e as pessoas com quem você trabalha. É apenas bom senso, e funciona como mágica com homens. Ainda assim, eu sempre fico surpresa com a quantidade de mulheres inteligentes que não entendem esse conceito ou se recusam a manipular uma situação. A testosterona é poderosa demais para lidarmos com ela usando apenas a razão e o intelecto. E isso nos ataca através de muitas formas, tamanhos e sabores. Existe uma quantidade predominante de testosterona em todos os homens, sejam eles machos alfa ou não.

3

CAVALHEIROS VS. *HOOLIGANS*

Quando somos jovens e atraentes, andamos em terreno perigoso perto dos homens. Nossas tentativas de sermos vistas como iguais podem levar a conclusões equivocadas da parte deles. Se formos "um dos caras", corremos o risco de atrair avanços indesejados ou outras formas de desrespeito. Se protegermos demais nossa sensibilidade, corremos o risco de ser vistas como certinhas demais. De qualquer forma, alguém acaba não se sentindo à vontade. E, se você trabalha em um clube do bolinha, o desconforto de um homem pode impedir seu progresso. Temos que trilhar nosso caminho por regras do clube deles e atingir um equilíbrio entre respeito e aceitação. É uma corda bamba difícil e delicada, e as mulheres que entendem isso podem se dar muito bem.

Então, quais são as armadilhas? A mais prejudicial pode parecer a mais inocente: a risada. O que pode haver de errado em fazer alguém rir, certo? Mas quando somos jovens e vulneráveis, temos que ter cuidado com o que achamos engraçado. Às vezes, o humor é usado como uma arma contra nós, para nos depreciar, envergonhar ou, simplesmente, "mostrar quem é que manda". Há homens que se sentem ameaçados por uma mulher de presença poderosa, e, enquanto você estiver em seu caminho para o topo, eles tentarão derrubá-la. Uma maneira fácil de machucá-la é a humilhação.

Quando decidi deixar os protegidos corredores do supremo clube dos cavalheiros (Young & Rubicam) para ir ao grosseiro clube do bolinha na McCann Erickson, desenvolvi urticárias gravíssimas. Inchaços do tamanho de travesseiros cobriram meu corpo por uma semana, e me vestir virou uma tortura. Quando a parte inferior do meu rosto inchou como uma bola de futebol, procurei ajuda médica. Uma série de injeções de cortisona finalmente deixou a inflamação sob controle. Me disseram que, se os nódulos tivessem se movido para minha garganta, eu poderia ter sufocado. Até a morte. Parece que meu corpo sabia instintivamente que eu tinha muito o que temer ao fazer a transição de um trabalho com cavalheiros para um trabalho com *hooligans*. No final, meu corpo estava certo.

Cheguei à McCann em 9 de fevereiro de 1987. Fui contratada como uma de quatro vice-presidentes/diretores de criação seniores em um departamento recentemente reorganizado. John Nieman, o novo diretor-executivo de criação da McCann Nova York e o homem que tinha sido meu chefe na Y&R, me contratou. Eu era a única diretora de criação do grupo e a primeiríssima mulher a ter esse título na McCann.

De cara, eu já tinha três pontos contra mim.

Ponto um: eu era uma forasteira. Como já trabalhavam na McCann havia algum tempo, os outros três homens tinham sido promovidos com condecorações de guerra a diretores de criação. Eles sabiam onde todos os corpos estavam enterrados, e eles mesmos haviam enterrado alguns deles.

Ponto dois: vinda da Young & Rubicam, logo descobri que havia uma intensa rivalidade entre a McCann e a Y&R. A McCann pensava que as pessoas na Young & Rubicam eram esnobes afetados que mediam seu sucesso se baseando inteiramente em seu relacionamento pessoal com os clientes, e não em desempenho. A Y&R referia-se à McCann como uma empresa de *hooligans*, tiranos e filisteus.

Minha primeira reunião na McCann deixou bem claro que eu era vista como uma fracote da Y&R. Eu era a única mulher em um grupo de homens que discordavam violentamente uns dos outros. Na Y&R, esse tipo de conflito teria sido tratado com gentil diplomacia: "Eu entendo aonde quer chegar com sua linha de raciocínio, Elliot, mas deixe-me apontar alguns fatores que podem mudar sua opinião".

Então, todos escutavam educadamente, e se ainda estivessem em desacordo, iniciavam um debate silencioso e respeitoso.

Mas, na McCann, uma divergência do tipo era tratada da seguinte forma: "De que porra você está falando, Henry?".

E eles nem esperavam alguém terminar uma frase antes de atacar. (Mesmo hoje, na McCann, interrompemos uns aos outros quando é absolutamente essencial. Sabemos que é um hábito repulsivo e estamos trabalhando nisso. Por exemplo, agora, quando interrompemos alguém, pedimos "desculpas" pela interrupção. Ei, é um começo.)

Quando cheguei à McCann, no entanto, esse comportamento grosseiro me deixou atônita. Em primeiro lugar, eu nunca tinha ouvido a palavra caralho ser usada em uma reunião de negócios. Até as pessoas de criação que eram propensas a falar palavrões diziam coisas como "caramba" ou "cacilda", ou algum outro eufemismo, especialmente em reuniões. Meu rosto deve ter ficado pálido naquela ocasião, porque um dos homens se virou para mim com um grande falso sorriso.

"Qual o problema?", ele perguntou. "Seus amigos cavalheiros na Y&R não falam 'caralho'? Bando de frouxos."

O terceiro ponto contra mim também não era minha culpa: Ser mulher. Tinha certeza de que os outros três diretores de criação, que eram homens, me odiavam, como a maioria das pessoas do departamento de criação. Meus temores se confirmaram quando eu vi meu novo escritório, no dia em que cheguei. A notícia boa é que era um escritório grande. A má é que ele ficava no final de um corredor deserto e estava cheio, cheio de mesas, cadeiras e prateleiras do departamento de criação. Eles tinham me dado o escritório que usavam para guardar a mobília excedente.

Então, conheci os 22 redatores e diretores de arte que foram designados para o meu grupo. Em vez de demitir as pessoas que eram difíceis demais ou não tinham talento algum, eles simplesmente deram todas para mim. Agora, eu tinha móveis e uma equipe de criação indesejados. Levei apenas algumas semanas para perceber que, dos meus 22 redatores e diretores de arte, apenas um punhado seria capaz de me ajudar a fazer um ótimo trabalho. Depois, levei quase um ano para demitir as pessoas que estavam no lugar errado e contratar o talento criativo de que precisava para administrar o único negócio bom que haviam designado para mim: a lucrativa conta da AT&T Business-to-Business. (Na verdade, eu tinha outra conta boa, dos Saltines Premium, os biscoitos mais vendidos da Nabisco, mas ela não tomava nada do meu tempo porque a Nabisco não precisava investir em publicidade. Ela literalmente se vendia sozinha.)

Por algum motivo, me tornei a plateia indisposta de um espetáculo de humor masculino. O pior comediante era um dos diretores de criação, que tinha prazer em me deixar constrangida. Vamos chamá-lo de Chuck, porque, como Charles Bronson, ele tinha uma aparência dura e que era atraente de um jeito bruto. Seu passatempo favorito era descrever para mim atos sexuais que envolviam homens e ratos-do-deserto. E ele sempre fazia isso quando tinha uma plateia de homens por perto. Eu andava pelo corredor, e ele saía correndo de seu escritório com uma revista.

"Nina, Nina. Chega mais."

"O que foi?"

"Escuta isso." E ele começava a descrever como ratos-do-deserto eram usados no sexo anal.

"Você é nojento", eu dizia, e então caminhava irritada até meu escritório e batia a porta. Mas isto só os fazia rir ainda mais.

Na maior parte do tempo, ele contava piadas de mau gosto e eu o ignorava. Mas isso também não estava funcionando.

Ele estava vencendo a guerra.

Então, desenvolvi uma tática melhor. Quando ele contava uma piada nojenta, eu simplesmente ria antes que chegasse ao final dela. Ou – e isso acabava com ele – eu ria exatamente no auge da piada. Isso o irritava tanto que ele parou de contar piadas na minha frente. Não tinha mais graça para ele, mas tinha se tornado muito engraçado para mim.

Eu gostaria de dizer que Chuck recebeu a punição que merecia e sofreu muito por sua crueldade comigo, mas na verdade isso nunca aconteceu. Eu tinha que descobrir sozinha como dispersar aquele comportamento agressivo direcionado a mim. O que eu poderia fazer, pensei, para mudar sua atitude? Se eu quisesse seu respeito e amizade, de que estímulo eu precisaria para conquistá-lo? Quando descobri seu calcanhar de Aquiles, ficou fácil.

Como em todos os homens, e principalmente pessoas criativas, o ego é a raiz de toda a vulnerabilidade. Eu sei duas coisas sobre pessoas criativas: primeiro, estamos constantemente tentando conquistar o respeito de outras pessoas criativas e nunca paramos de tentar impressionar nossos colegas com nosso gênio criativo; e segundo, é fato bem conhecido que clientes raramente aprovam nosso melhor trabalho. Na verdade, alguns clientes são abençoados com um "dedo podre". Se você tem uma ideia horrível enterrada no meio de um monte de trabalhos ótimos, eles irão apontar com precisão a pior ideia e aprová-la.

Armada desse conhecimento, eu passava no escritório de Chuck, quando trabalhávamos até tarde e ninguém mais estava lá, para ficar babando nos *storyboards* que ele não conseguia vender para seus clientes. (Todo profissional de criação mantém suas ideias por perto para que todos saibam que não somos picaretas, e o trabalho horrível que produzimos é culpa dos clientes.) Eu dizia que um cliente era louco e que seu trabalho teria recebido um Leão de Ouro em Cannes (o maior prêmio de criação do universo). Eu passava horas com ele, enquanto ele pegava todas as ideias brilhantes que nunca venderam e as encenava para mim ao mesmo tempo em que ele fumava um baseado.

Todo o seu trabalho morto era muito engraçado, embora parte dele fosse inapropriada para os clientes com quem trabalhava. Eu não me importava. Eu ria e babava como uma idiota. Depois de algumas semanas, ele relaxou e parou de tentar me "pegar". Ele começou a entrar em meu escritório quando tinha uma ideia boa, e eu dizia que ele era brilhante. Com o tempo, ele decidiu que meu gosto para trabalhos criativos era impecável e que eu também era brilhante. Eu até comecei a gostar do canalha. Ele acabou saindo da McCann e abriu sua própria agência. Hoje, é muito bem-sucedido.

Mas os maus elementos da McCann eram fichinha comparados à cultura carregada de testosterona que me esperava em meu primeiro emprego como diretora de criação de agência. Depois de quase cinco anos nesse cargo na McCann, ganhei a chance de escapar do mar de outros DCGs em Nova York.

A J. Walter Thompson estava procurando um diretor-executivo de criação para sua filial de Chicago, e eu era uma das candidatas em sua lista. Eu sabia o tempo todo que, se quisesse atingir meu objetivo supremo – comandar o departamento de criação de uma grande agência de Nova York –, eu talvez tivesse que deixar a cidade. Deixar a McCann seria muito difícil para mim, mas eu também sabia que, se a oportunidade aparecesse em meu caminho, eu teria que aproveitá-la. E estava muito empolgada.

Mas, então, tive câncer.

Maldição.

Não há nada como câncer de mama para desencorajar as coisas.

Em junho de 1991, três cirurgiões disseram que eu tinha sorte. Se eu os deixasse remover meu seio esquerdo, provavelmente não haveria necessidade de quimioterapia ou radioterapia, e eu provavelmente não teria que me preocupar mais com câncer de mama. Procurei outros dois médicos, dessa vez mulheres. Pensei que elas seriam mais sensíveis em relação a seios. Mas todas disseram o mesmo. Um mês depois, um dos médicos executou a mastectomia, e no final das contas estavam todos corretos em seus diagnósticos. Era rápido e simples. Sem quimioterapia ou radioterapia. Mas, ainda assim, era meu seio esquerdo. O meu favorito.

OBSERVAÇÃO: *Não me canso de destacar a importância de se fazer uma mamografia uma vez por ano se você tem 35 anos ou mais. Meu câncer não era um caroço. As células de câncer estavam nas glândulas mamárias, quase indetectáveis a não ser por raios X. Sem uma mamografia, não haveria como detectar esse câncer antes que ele tivesse espalhado pelo meu corpo. Mas aí seria tarde demais para um tratamento. Não ignore seu corpo. E não use sua carreira como desculpa para fugir de consultas médicas.*

Ao me preparar para a mastectomia, eu tinha que superar o sofrimento rapidamente. Afinal, eu era uma pessoa ocupada. Steve

Davis, o novo gerente-geral da JWT Chicago, estava pensando em mim como uma das principais candidatas para ser sua parceira de criação, e semana sim, semana não, eu jantava com ele. Na maioria das vezes, ele vinha para Nova York, mas vez ou outra eu tinha que voar para Chicago.

Nessa época, eu também estava comandando um grupo de criação maior na McCann, com muito mais negócios. Nos cinco anos anteriores, tinham me dado toda a conta de biscoitos da Nabisco (Ritz, Ritz Bitz, Wheat Thins e Triscuits – a Saltines ainda não anunciava). Eu também tinha a Alka-Seltzer nessa época e a minha amada AT&T. Agora, mais de trinta pessoas em meu grupo precisavam de minha atenção.

Eu precisava descobrir o que me faria sentir melhor em relação a uma perda física tão devastadora, para poder seguir com minha vida. Em momentos como esse, eu jogava o jogo do "ei, poderia ser pior", supondo que, não importa a catástrofe, sempre poderia ser pior.

Tudo isso estava acontecendo entre meus jantares com Steve Davis. E eu definitivamente me sentia como se estivesse namorando aquele empresário, alto, atraente e gentil. Nunca na história da civilização ocidental alguém demorou tanto para contratar uma diretora de criação; Steve procurou por quase um ano.

O trabalho de diretor de criação é a posição mais influente em uma agência de publicidade, e é quase preferível não ter nenhum diretor de criação a ter o diretor de criação errado. Esta pessoa pode definir o sucesso ou o fracasso de uma agência de publicidade. Ele administra todo o departamento de criação e influencia absolutamente todas as pessoas da agência. É responsável por todo o trabalho criativo que a empresa realiza e também pelos resultados para todos os clientes. Ele é também a chave para se conseguir novos negócios. (Percebeu que eu só disse "ele"?) O trabalho do diretor-executivo de criação é o mais perigoso no ramo da publicidade, porque a taxa de fracassos é alta e fracassos são facilmente identificados; também é muito público e implacável. Quem poderia culpar Steve por se empenhar tanto em tomar a decisão certa?

Eu não queria que ele soubesse que eu faria uma mastectomia. Não queria dar a ele nenhuma razão para me tirar do topo de sua lista, e eu tinha certeza de que estava em primeiro lugar. Ele não tinha tempo para dar atenção a nenhum outro candidato da maneira como estava fazendo comigo e ainda comandar sua agência em Chicago. Depois, descobri que estava certa. Embora ele se encontrasse com absolutamente todos no ramo que poderiam fazer o trabalho, ele não dava a eles a mesma atenção dispensada a mim.

Entre um e outro de nossos encontros, eu fiz a mastectomia. Duas semanas após a cirurgia, Steve me ofereceu o emprego e eu aceitei. Duas semanas depois – com enorme dor no peito onde antes estava meu seio esquerdo –, fiz as malas e me mudei para Chicago, para me tornar a mais recente em uma lista de diretores de criação nova-iorquinos do escritório do Meio Oeste da JWT.

E isso leva a outra boa pergunta. Por que deixar um emprego bom, em que você está feliz e segura, e aceitar um que a deixa morrendo de medo? Porque é isso que você tem que fazer se está tentando chegar ao topo. Um emprego seguro e confortável apenas atrapalha. Se você quer construir um nome, encontre um problema e conserte-o. Encontre algo que pareça tão impossivelmente sem solução que o fato de consertá-lo fará que você consiga o respeito e a admiração de todos. Quanto mais visível for o problema, mais perigoso, mas se você conseguir, será uma heroína! Quando tiver a oportunidade, procure sempre uma reviravolta. Se entrar em uma empresa bem-sucedida, você ainda terá que trabalhar duro para fazê-la ainda mais bem-sucedida, mas isso não é surpresa. Existe algo muito excitante em aceitar um emprego em que outros fracassaram, especialmente se esses outros forem todos homens.

Chicago era famosa por aniquilar diretores de criação de Nova York. A cidade simplesmente os mascava como chiclete e depois cuspia. Estava claro que todos no ramo da publicidade estariam observando cada passo que eu desse, porque eu era mais uma idiota de Nova York se mudando para o oeste. Era ainda mais interessante comigo porque essa idiota de Nova York era uma mulher. Eu aceitei o emprego com muito alarde do *The New York Times* e publicações do setor como a *Advertising Age* e a *Adweek*. O sucesso me faria famosa. Se fracassasse, eu seria infame, mas por um período de tempo mais curto, como um dia ou dois.

Embora uma boa oportunidade de reviravolta possa construir sua reputação rapidamente, ela tem que ser a tigela perfeita de mingau: nem quente demais, nem fria demais, nem grande demais, nem pequena demais. A empresa tem que estar em apuros, mas não a ponto de ser uma causa perdida. Ela tem que ser importante, ou pelo menos importante o suficiente para as pessoas se importarem com sua sobrevivência. Ela tem que ser grande o suficiente para aparecer em todos os radares, mas não tão grande de modo que torne sua tarefa impossível. Tem que ser simplesmente a empresa certa.

O escritório de Chicago da JWT era perfeito para mim. Outrora uma joia da coroa da J. Walter Thompson, ele havia sofrido vários grandes contratempos, e ainda assim a comunidade da publicidade estava a seu lado. Todos queriam que o negócio desse certo. Mas, em 1991, uma série de homens autocráticos de Nova York havia passado por ali. Sua resposta para os infortúnios de Chicago era parar de perder negócios e começar a ganhar de novo. Mas ninguém dava às pessoas naquele escritório a confiança de que precisavam para ser vencedoras novamente, e ninguém fornecia um mapa para o sucesso. A cada novo "agente de mudança", mais negócios eram perdidos, o moral despencava, as pessoas boas saíam e os parasitas se seguravam com mais força, como se corressem risco de vida.

Como o mais recente gerente-geral vindo de Nova York, Steve Davis estava ciente do medo e da desconfiança em Chicago e queria que seu diretor/parceiro de criação o ajudasse a reerguer a empresa. Ele sabia que as pessoas no escritório precisavam de alguém que fosse durão o bastante para ajudar a liderá-los, mas protetor o suficiente para fazê-lo sem triturar sua alma. Precisavam de alguém que pudesse lidar com sua mentalidade de clube do bolinha, mas que fosse paciente para guiá-los, às vezes sem a cooperação deles. Precisavam de apoio, de um pouco de afeto genuíno e das ferramentas para se tornarem novamente vencedores. Resumindo: precisavam de uma boa mulher. Na verdade, precisavam de uma mãe, alguém que reconhecesse seu potencial, levantasse sua confiança e se importasse com eles incondicionalmente.

A parte mais triste da decadência daquele escritório de Chicago era seu histórico de conquistas. O brilhante posicionamento da 7-Up como "a não cola" nos anos 1970 saiu desse escritório, assim como o *branding* da Oscar Mayer, com canções inesquecíveis como "Oh, I wish I Was an Oscar Mayer Wiener" e "My Bologna Has a First Name". Em certo momento, Chicago tinha mais gastos totais do que o escritório de Nova York, e acreditava-se que este era o motivo do atrito entre os dois escritórios: inveja profunda.

Mas, em meados da década de 1980, Chicago estava decaindo rapidamente. O outrora glorioso escritório, que havia faturado mais de 700 milhões de dólares nos anos 1970 e 1980, faturava menos de 250 milhões quando entrei pelas portas desse turbinado clube do bolinha. Eu não sei se o lugar tinha chegado ao fundo do poço – isso é sempre uma avaliação subjetiva –, mas ninguém podia discordar de que tínhamos que percorrer um longo caminho para voltar ao topo. Agora, as pessoas no comando queriam que Steve Davis e eu – outros dois nova-iorquinos – realizássemos uma reviravolta e transformássemos o lugar numa joia novamente. Mas há sempre um bom motivo para uma série de fracassos. Quando você entra em um lugar com esse padrão, certifique-se de que não a derrubarão antes mesmo de a batalha começar. Eu tinha um plano de ação: principalmente, olhar por onde andava.

Encontre os campos minados e não pise em nenhum

Quando você entra em uma empresa com a alma ferida e uma cultura desconhecida, todos são uma ameaça em potencial ao seu sucesso. Se você é uma mulher que veio para salvar um clube do bolinha, é ainda mais perigoso. Não faz ideia de quem são seus inimigos, ou mesmo se tem de fato o apoio de alguém. Todos estarão dispostos a falar com você, mas você não terá uma ideia clara em quem confiar. Sugiro que tenha sempre um pé atrás. Há pouquíssimas coisas nas quais você pode confiar, mas você sempre pode contar com o seguinte: nunca haverá tempo suficiente para dar atenção a todas as coisas que você pensava que exigiriam sua atenção quando acordou de manhã. Isso nunca irá mudar enquanto você estiver no comando.

Todos terão sua própria agenda. As pessoas boas estarão competindo por uma posição melhor, e os perdedores, procurando lugares para continuar se escondendo. Tenha cuidado com seus defensores instantâneos, porque eles podem ser os melhores ou os piores do bando, e talvez não seja fácil identificar quem é quem. Algumas pessoas muito boas podem decidir apoiá-la até que você mostre não ser digna. Algumas pessoas muito más que demonstram amor instantâneo podem estar com medo de perder seus empregos. Algumas das pessoas realmente talentosas podem ser meio arredias. Elas serão seguras de um jeito arrogante e esperarão que você tome a iniciativa de se aproximar. Você terá que provar que é valiosa para esse grupo. Descubra quem são essas pessoas, engula o orgulho e, então, dê o primeiro passo e estenda a mão a elas.

Haverá algumas pessoas que terão amado seu predecessor, e elas irão invejá-la. Outras o terão odiado e estarão mais propensas a aceitá-la. No começo, você pode não reconhecer a diferença entre resistência e aceitação, especialmente se estiver em uma cultura reprimida ou em uma empresa do Meio Oeste repleta de personalidades passivo-agressivas.

Converse com quantas pessoas puder, mas escute apenas aquelas que não têm nada a perder ou ganhar. Eu sempre fiquei amiga das secretárias, por exemplo. Elas costumam ser uma boa fonte de honestidade e raramente têm planos ou interesses ocultos. Se elas já estiverem trabalhando na empresa há muito tempo, já terão visto muitos figurões irem e virem. Descubra o que elas pensam sem se aprofundar nas fofocas. Além disso, converse com pessoas que estão quase se aposentando; elas já fizeram suas carreiras e não têm motivo para mentir. Em todo caso, decida por conta própria.

Eu tinha uma noção do que o escritório de Chicago estava sentindo e pensando, mas não fazia ideia de como era realmente o ambiente. Descobri um lugar embriagado de testosterona. Havia muito daquela postura antiquada de publicitário de Chicago que quer chegar ao poder, e o chauvinismo masculino permeava o lugar – um resíduo da chefia anterior. Ninguém tinha dúvidas de que uma diretora de criação do sexo feminino era ameaçadora para a maioria, se não para todos eles. Poucas pessoas ficam felizes em ver uma líder do sexo feminino. Nós temos que provar que somos capazes a cada etapa do processo.

O ambiente machista na JWT/Chicago foi encorajado e desenvolvido pelos dois homens que comandaram o escritório anteriormente. Um deles tinha uma granada em sua mesa e, quando observava os trabalhos da área de criação, gostava de comentar, "Estou fascinado... E enojado". (Eu achava engraçado quando ouvia isso, mas outras pessoas no escritório, não.) O outro machão era o diretor de criação (vamos chamá-lo de Sammy), que escolheu alguns poucos discípulos preferidos e não tinha muita paciência para o resto de sua equipe de criação. Ele nunca demitia nenhuma dessas pessoas indesejadas, apenas as ignorava e continuava contratando outras pessoas para fazer o tipo de trabalho que valorizava. Juntos, esses dois machos alfa criaram uma tremenda necessidade por alguém como eu. É sempre mais fácil seguir um líder com falhas visíveis do que um que seja supostamente perfeito.

Uma das poucas pessoas da criação que não parecia me odiar sem nem me conhecer era um jovem e talentoso escritor chamado Gib Marquardt. Ele não era exatamente um defensor, apenas não tinha decidido ainda se sentiria ou não rancor por mim. Gib, um loiro de quase 1,90 metro, de olhos azuis e ex-jogador de hóquei, descreveu recentemente a atmosfera em que o escritório se encontrava quando cheguei:

"Era uma fraternidade de estudantes colegiais, apenas para homens", disse Gib. "Muito fechada, muito intimidadora. Se você não *fosse* como [o diretor de criação], ele não gostava de *você*. Depois do rastro de caos que essa liderança criou, veio esta garota de

Nova York, a senhora. DiSesa, que tentou nos fazer deixar de lado nossos jeitos machistas e destrutivos, entrar em contato com nosso lado feminino – fosse lá o que isso significasse – e apoiar uns aos outros em vez de brigar."

Por mais confusa que eu fosse para eles, havia apenas uma de mim para eles enfrentarem. Eu tinha que lidar com um bando de homens irritados e *todos* eles me chocavam.

Lembre-se de que nada é inexplicável

Absolutamente todas as pessoas no escritório de Chicago eram estranhas para mim, e eu não podia questionar as atitudes de ninguém. Às vezes, o comportamento da equipe parecia irracional, um conceito no qual não acredito. Toda ação e preconceito, toda explosão emocional tem uma razão lógica. Se algo não faz sentido, é porque falta uma parte da história. Descubra exatamente o que aconteceu para provocar a conduta que você vê e, então, junte as peças em todos os cenários possíveis. É como solucionar um assassinato misterioso. Junte as pistas, organize-as e você irá resolver o quebra-cabeça.

O grupo mais desconcertante em todas as agências onde já trabalhei é sempre o das pessoas de criação. Elas são um desafio único para todos, especialmente os gerentes de conta mais jovens e inexperientes, que acreditam que foram colocados neste mundo para dar um pouco de disciplina às mentes criativas. (Eles são sempre muito mais felizes depois que superam esta obsessão.)

Certa vez, um jovem gerente de contas veio me ver, furioso. Parecia que o profissional de criação mais experiente de sua área o havia ameaçado de morte e o expulsado de seu escritório. Também não era a primeira vez que isso acontecia.

Eu disse ao gerente de contas que, quando pessoas da criação "se descontrolam", geralmente é porque estamos com medo. Nossos maiores medos giram em torno ou de um tipo de colapso criativo, como quando não conseguimos pensar em nenhuma ideia, ou de humilhação pública, situação em que *temos* uma ideia, descobrimos que ela é um lixo, e não temos tempo de melhorá-la ou de pensar em algo melhor. Evidentemente, o gerente de contas estava fazendo algo que assustou alguém da criação.

"Descubra o que é", eu disse, "e então pare de fazer isso."

"Eu não fiz nada", disse o gerente de contas. "Eu não disse nada. Ele simplesmente começou a gritar comigo assim que eu entrei em seu escritório."

"O que ele gritou para você?"

"'Saia da porra do meu escritório!'"

"O que você estava fazendo lá, para começar?"

A princípio houve silêncio. Então, ele confessou:

"Eu vou lá todos os dias e entrego a ele nossas folhas de *status* do trabalho para lembrá-lo dos prazos."

Nós nos encaramos. Seus olhos estavam esperando as pérolas de sabedoria que sairiam da minha boca e resolveriam todos os seus problemas. Então, eu disse a ele que fizesse a verificação de *status* com o pessoal de criação apenas uma vez por semana e parasse de colocar mais pressão sobre um trabalho que já é tenso por si só.

"Confie em mim", eu disse, "ele sabe quais trabalhos estão próximos do prazo. Você só o está deixando mais louco do que já é."

As pessoas da área de criação estão sempre inseguras e com medo de que não conseguirão ter a próxima grande ideia a tempo de seu *deadline*. Elas não precisam ser lembradas disso todos os dias por gerentes de contas jovens e cuidadosos demais.

Por que salvadores são crucificados

Você deve imaginar que, quando chegasse montada em seu cavalo branco, as pessoas ficariam contentes em vê-la. Não muito. Não é gratificante fazer o papel de salvador. Você tem que entender isso e depois administrar suas expectativas. As pessoas que você veio salvar raramente estão esperando para recebê-la de braços abertos. Elas não ficarão felizes em admitir erros e estarão morrendo de medo de que você irá demiti-las sem um bom motivo, só para criar espaço para suas próprias pessoas.

A maioria das empresas não traz líderes de fora, a não ser que esteja com problemas sérios e procurando um milagreiro. Em condições normais, elas gostam de promover alguém de dentro porque isso demonstra estabilidade e confiança na equipe. Isso deu aos homens do departamento de criação em Chicago dois motivos para não gostarem de mim. Significava que nenhum deles era bom o bastante para o cargo... Mas uma *mulher* era, e uma de *Nova York*, veja só.

4

OS *BAD BOYS* DO 27º

O segundo indício de que Tim Kane e seu incorrigível grupo seriam problema era a geografia. Enquanto o resto de seu departamento de criação, incluindo eu, trabalhava no 26º andar do número 900 da Michigan Ave., os *bad boys* haviam confiscado o 27º andar, e era um reinado de terror.

Eles eram meu maior desafio como nova diretora-executiva de criação, e não levei muito tempo para perceber que eu precisava daquele bando de brutos que não estavam dispostos a mudar seu comportamento. Não se sabe ao certo como Tim e Dean faziam as contratações para seu grupo, mas a maioria daqueles jovens se espelhavam em seus chefes. Eles eram talentosos, confiantes demais e não estavam programados para me escutar. Eles também eram muito atraentes, e, ainda assim, as mulheres jovens do escritório tinham pavor de ter que fazer algo naquele andar. Isso era considerado uma tarefa perigosa.

Quando os *bad boys* ficavam entediados, brincavam de arremessar bolas de beisebol nos corredores, e qualquer um que interrompesse o jogo – por exemplo, tentando atravessar o corredor – o fazia sob sua conta e risco. No começo, pensei que eles não eram muito bons na brincadeira, porque suas bolas sempre ficavam fora de controle e eles sempre quebravam a iluminação das paredes. Então, comecei a entender: eles *miravam* a iluminação, mas simplesmente continuavam errando. De qualquer forma, a pontaria era horrível. Eu mostrei isso a eles:

"Vocês são muito ruins. Por que não vão produzir uns anúncios? Talvez sejam melhores nisso."

Sorrisos amarelos.

Os *bad boys* incluíam Gib Marquardt e seu parceiro metrossexual, Paul Behnen, que parecia uma versão mais jovem de Calvin Klein; Joe Burke, bonito e charmoso demais para seu próprio bem; Michael Rivera, jovem e treinando para partir corações; e Phil Schneider, um tipo engraçado e esquisito, que fazia coisas estranhas como esconder suas cuecas atrás da porta de seu escritório. Uma vez perguntei a ele por que fazia aquilo.

"Não são cuecas", ele disse, "apenas se parecem com cuecas."

Esperei por mais explicações, mas ele já estava se distraindo com um cubo mágico. Outra vez, Phil tirou uma polaroide de sua noiva de ressaca sentada no vaso e, depois, mostrou para a agência inteira. Ainda assim ela se casou com ele.

Fiquei surpresa em ver duas moças dóceis e talentosas nessa gangue de *bad boys*: Dawn Dingman e Melissa Storch. Elas eram as únicas mulheres que os *bad boys* não atormentavam ou intimidavam. Acho que Dawn e Melissa "pertenciam" a eles, e os rapazes eram muito protetores, como se fossem irmãos mais velhos. Isso, na verdade, me deu esperanças de que os *bad boys* pudessem ser salvos. Quando saí da JWT, agradeci por não ter matado nenhum deles enquanto dormiam. E eu queria ter feito isso logo no início.

Uma das exceções nesse grupo era Dave Moore, um clone de Kiefer Sutherland com os cabelos castanhos (até a voz era parecida). Embora Dave fosse tão talentoso e também tão teimoso como o resto dos *bad boys*, ele havia entrado na agência quando eu era chefe e, portanto, era mais propenso a me escutar. Ele não seguia minhas recomendações necessariamente, mas pelo menos parecia estar ouvindo.

No começo, Tim e Dean vinham conversando com Dave havia algum tempo sobre ele ir para a agência, mas Dave estava feliz onde estava (na Leo Burnett) e não queria deixar seu emprego. Dave lembrou-se recentemente do dia em que finalmente aceitou o emprego na J. Walter Thompson:

"Eu estava decidido a ficar na Burnett, e então você veio à Thompson", disse Dave. "Um dia eu estava novamente falando com Tim e Dean, eu devia estar com meu portfólio à mostra, porque, quando você passou, analisou a situação imediatamente e, com um grande sorriso, gritou para mim da porta: 'Não faça isso!'.

Tenho certeza de que você não se lembra desse incidente, mas eu me lembrarei para sempre. Você me convenceu no 'Não'."

Com exceção de Dave, todos os *bad boys* no 27º já haviam tido algum tipo de relacionamento anterior com Steve Davis e se sentiam protegidos por ele. Eles ficaram sem um líder de criação por quase um ano e haviam se acostumado à ideia de Steve ser seu chefe "de verdade". Considerando-se a expectativa de vida dos diretores de criação em agências no geral, tenho certeza de que eles também presumiram que eu não demoraria a ir embora. Meu plano brilhante acabaria com aquela presunção.

Usei diversas estratégias com os *bad boys* no início de nossa guerra não declarada, incluindo tudo o que eu havia aprendido sobre lidar com pessoas de criação e, particularmente, homens. Mas todas as táticas para conquistá-los e controlá-los pareciam fracassar, principalmente a sutileza. Eles precisavam de uma mão mais pesada e de uma dose enorme de sedução e manipulação.

Primeiro, tentei suborno puro e simples.

Os *bad boys* queriam uma "sala da cerveja" onde poderiam passar o tempo. Eles diziam que seu "néctar da criação" iria florescer em um ambiente mais "criativo". Eu consegui dinheiro da minha mísera verba para alugar uma mesa de bilhar e então transformamos uma de suas salas de reunião em um salão de jogos. Aquela sala ficava exatamente sobre o meu escritório no canto do 26º andar, e, como gesto de gratidão, eles batiam seus tacos no chão para me irritar. E conseguiam.

O pessoal de criação que trabalhava no 26º andar queria saber onde estava a mesa de bilhar deles.

"Subam as escadas", eu dizia.

"Não podemos", disseram. "Proibido."

Eu disse a Tim e Dean que tinham que deixar todos jogarem, que a sala de bilhar não era para seu uso privativo. Recebi olhares inexpressivos e promessas ingênuas de que todos eram bem-vindos. Mas o 26º andar ainda se sentia rejeitado, e eu me vi forçada a comprar uma mesa de pingue-pongue para eles (com meu próprio dinheiro) e a colocá-la em um escritório vazio. Um dia, fui jogar na sala de pingue-pongue e vi que alguém tinha feito um buraco do tamanho de um pneu na parede. Ter filhos é algo parecido com isso?, pensei.

Depois, tentei comida. Comida é amor, certo? Eu levei todos do grupo para almoçar individualmente, e disse a eles quanto eram importantes para a agência e para mim. Compartilhei minha estratégia para fazer a empresa brilhar de novo. Disse que, com a ajuda deles, poderíamos crescer e ganhar os clientes que comprariam os grandes trabalhos que eu sabia que todos queriam fazer. Eu queria fama e fortuna para todos nós. Mas o que eles queriam? As duas moças, Melissa e Dawn, pensavam muito sobre seus mais profundos desejos em relação à carreira e o potencial crescimento como profissionais de criação, e, de boa vontade, compartilharam esses objetivos comigo.

Os homens não tinham um plano. Tim e Dean pensaram um pouco e decidiram que precisavam mesmo era de uma lancha.

E o comportamento abominável persistiu. Em desespero, tentei a violência. Comprei uma espingarda d'água de alta potência e, quando eles se comportavam mal e batiam com os tacos no meu teto, quebravam a iluminação dos corredores ou aterrorizavam as moças, eu marchava até o 27º andar e atirava neles. Mas todos nós achamos aquilo um pouquinho divertido demais, e isso não mudou nada.

Tentei fazer amizade. Rebaixando-me ao seu nível. Gib recentemente mencionou uma época específica:

"Nós éramos um bando imaturo e bruto naquela época", disse, declarando o óbvio. "Sua disposição em lutar para entrar no nosso mundo e até participar das idiotices que fazíamos lhe valeu muito respeito. Eu me lembro de como você ficou bêbada conosco, competindo com Dave ao beber doses de Jägermeister, embora ele ficasse aconselhando que você se controlasse. Nós a mandamos para casa em um táxi às 20h30 naquela noite. Nossa, ainda estava claro lá fora, e nós tínhamos acabado de chegar ao bar, às 20h. Seu marido ficou tão bravo com a gente. Você era a mamãe, mas a mamãe descolada, e nós éramos os adolescentes rebeldes nos esbaldando. Você nos deu muita corda para fazer aquilo."

Por falar daquele marido, foi um pequeno milagre eu ter arrumado tempo ou energia para me apaixonar. Só estava focada em salvar a JWT/Chicago. O único homem com quem estava saindo era um cara chamado Brian Goodall. Ouvia falar dele durante meus cinco anos anteriores em Nova York por meio de meu chefe e amigo na McCann, John Nieman. Sempre que estava entre homens, eu perguntava a John se ele conhecia algum homem solteiro, e ele sempre dizia: "Meu amigo Brian Goodall, em Chicago". Eles eram melhores amigos desde que tinham 22 anos de idade e trabalhavam em sua primeira agência de publicidade, em St. Louis. Eu tinha certeza de que Brian seria um cara muito legal, mas ainda levaria um bom tempo até sairmos para um jantar e um drinque. Então, vários anos antes de minha mudança para Chicago, Brian e eu fomos apresentados um ao outro. Foi em uma festa do Super Bowl em Nova York, na casa de nosso amigo em comum e cupido. Era para ser O Grande Encontro para nós dois.

Depois de tantos anos ouvindo falar um sobre o outro, nossa única conversa foi:

"Então você é Brian Goodall."

"Ahã."

Brian ignorou-me completamente pelo resto do dia. Sério, ele não me dirigiu a palavra, e não era porque estava fascinado com a partida. Descobri depois que ele nem sequer gostava de futebol americano. Ele se sentou ao meu lado na sala de estar e ensinou ao filho de John como arrancar páginas de uma revista. Que babaca. Naturalmente, eu o odiei.

Só fui ver Brian novamente três anos depois. Bem na época em que Steve Davis estava conversando comigo sobre a J. Walter Thompson, Brian também estava procurando um diretor-executivo de criação para uma agência onde era gerente-geral – uma empresa altamente respeitada chamada Bayer Bess Vanderwalker.

Ele me levou para almoçar em Manhattan. Era 14 de março de 1991. Lembro-me claramente daquele dia, porque no dia anterior eu havia feito a grande besteira de injetar colágeno nos lábios, para aumentá-los, e tive uma reação adversa. Em vez de ficar com lábios sensuais e carnudos, minha boca inteira ficou inchada e protuberante.

O trabalho na agência de Brian nunca se concretizou, e eu nunca mais o vi até me mudar para Chicago cinco meses depois, para começar no emprego na JWT. Mas me vinguei do senhor Goodall. Casei-me com ele em 23 de maio de 1992, apenas 14 meses depois daquele almoço com os lábios inchados e nove meses antes de chegar em Chicago.

Isso ensinou a ele uma coisa ou outra.

O impacto do Schadenfreude

Os alemães têm uma palavra para descrever o que encontrei na JWT: "schadenfreude". Significa o prazer que alguém extrai do sofrimento alheio. Isso é valioso quando se está competindo com alguém de fora, mas não quando pessoas dentro da mesma empresa, especialmente da mesma equipe, sentem isso umas pelas outras.

O sistema operacional em Chicago se alimentava do prazer obtido através do infortúnio alheio, porque aqueles que sobreviviam melhoravam sua posição na cadeia alimentar. A intensa politicagem daquele escritório era sufocante, e os núcleos de poder, impenetráveis. Levando-se em conta o fluxo estável de novas lideranças ao longo do ano, a única segurança de emprego que as pessoas tinham era o poder de um relacionamento com o cliente. Quando cheguei, a informação era a fonte daquele poder, e ninguém compartilhava nada. Era, literalmente, cada um por si.

Como resultado disso, havia muita competição destrutiva por todo o escritório. Eu tentei incentivar as pessoas a guardar sua agressividade para nossa concorrência, mas tive pouco sucesso. Não estava na natureza deles. De alguma forma, eu tinha que *inspirá-los* a ver as coisas da minha maneira. Precisava usar meus talentos e habilidades femininas na manipulação benevolente, de modo a ajudá-los a se comportar melhor.

Assassinato por insinuações

A maior parte dos danos que os defensores de território na JWT infligiam uns aos outros era de forma indireta, e não através de ataques diretos. É difícil se defender desse modo sutil, porém eficiente, de difamação.

O assassinato por insinuações era lamentavelmente fácil de se executar. Por exemplo, se um de meus tenentes no departamento de criação quisesse acabar com minha reputação perante um cliente, poderia fazê-lo de forma rápida e invisível quando mostrasse ideias criativas àquele cliente em minha ausência. Se o cliente odiasse uma ideia em especial, meu possível assassino poderia enfiar a lâmina: "Nossa", poderia dizer, "essa era a ideia favorita da Nina." Se fizessem isso várias vezes, eu estaria queimada com aquele cliente e sequer saberia o porquê.

Embora isso ainda não tivesse acontecido comigo, era apenas uma questão de tempo. Eu sabia que não podia *impor* lealdade; isso teria que acontecer de boa vontade. As pessoas naquele escritório tinham que querer me proteger e defender, mas como eu conseguiria que eles fizessem isso se eles nem sequer apoiavam uns aos outros? Eu não podia demitir todos aqueles que se comportavam mal – havia muitos deles, e metade não era subordinada a mim –, então, tentei manipulá-los todos para se tornarem pessoas melhores.

Primeiro, eu suprimia o negativo e compartilhava o positivo.

Por exemplo, se eu estivesse em uma reunião com Ed Jones e ele dissesse:

"Jack Smith é um idiota."

"Sério?", eu diria, me mostrando bastante surpresa. "Jack é um idiota? Pois ontem mesmo ele estava falando bem do relatório que você escreveu para o cliente XYZ."

Mas, *na verdade*, o que Jack havia dito sobre Ed era:

"O relatório que Ed escreveu está bom, mas acredite, é a única coisa que ele faz bem. Ele é um imbecil que só sabe fazer isso."

Um elogio fraco, mas, ainda assim, um elogio. Então, só repassei uma versão editada do comentário de Jack – "O relatório que

Ed escreveu está bom". Deixei de fora toda a segunda metade, especialmente a parte do imbecil. Não estou exatamente mentindo quando faço isso. Apenas não estou contando a verdade completa. Isso é permitido dentro do meu código de ética pessoal.

Agora, Ed Jones precisa tomar uma decisão. Ele pode continuar insultando Jack e, assim, invalidar tudo de bom que este disse sobre *ele*. Ou ele pode tentar abrandar o próprio insulto.

"Jack gostou daquele relatório?", Ed diz. "*Estava* muito bom mesmo." Ed está inflando diante de meus olhos.

"Bem, às vezes Jack é um idiota", diz Ed, "e às vezes demonstra bom discernimento." Ed não consegue se conter. Ele está orgulhoso pelo fato de alguém que não gosta dele ter achado que ele fez um bom trabalho mesmo assim.

Na próxima vez em que Jack criticasse Ed, eu diria: "Sabe, Jack, Ed Jones disse a toda equipe outro dia que você tem um discernimento muito bom." (Ele *meio* que disse aquilo.) E agora *Jack* ficaria exibido como um pavão.

Quando alguém dizia alguma coisa boa sobre outra pessoa, eu passava adiante. Quando diziam algo de ruim, eu dizia: "Sério? Ele me disse ontem mesmo quanto você é esperto." Depois de um tempo (e pareceu uma eternidade), as pessoas gradativamente começaram a se ressentir menos umas das outras. Pelo menos, pararam de se atacar na minha frente. Aquelas que não mudavam, nós transferíamos para outro escritório, ou outra agência. Paciência de santo tem limite.

Por mais maquiavélicas que fossem essas táticas, eu estava mesmo tentando criar um ambiente mais protetor e tentava dar o exemplo.

Minha primeira oportunidade como modelo exemplar de educação surgiu graças aos olhos de Steve Davis.

Steve não queria ser visto como mais um daqueles "babacas de Manhattan", e trabalhava diligentemente para dissipar a atmosfera machista do escritório de Chicago. Ele acreditava que era sua responsabilidade ser universalmente bondoso e atencioso, de forma a criar um novo ambiente. E ele era, na maior parte do tempo. Mas de vez em quando vinha trabalhar irritado, e, como isso não fazia parte de sua natureza, ninguém estava preparado para isso nem conseguia descobrir o que tinha feito para causar seu descontentamento.

No final, eles não tinham feito nada. Era o tempo. Uma das melhores características físicas de Steve eram seus lindos olhos azul-claros, e achávamos que era isso que acabava com ele. Todos deduzimos que Steve sofria de Depressão Afetiva Sazonal (DAS), uma condição comum em pessoas com olhos claros, e quando o sol não brilhava por muitos dias seguidos, ele sentia uma tristeza que ninguém entendia, nem mesmo ele.

Comecei a monitorar seu mau humor. Como previsto, depois de dois ou três dias de tempo nublado, Steve ficava irritado com qualquer coisa. Então, entrei na internet e encomendei lâmpadas que reproduzem os efeitos positivos do sol. No dia em que chegaram, nós trocamos toda a iluminação de seu escritório enquanto ele estava fora para o almoço. Tudo no escritório de Steve agora tinha um tom levemente azulado. Até Steve. Quando descobriu o que fizemos, achou engraçado. Mas nunca tirou a iluminação, e não nos lembramos de ter sofrido com a DAS novamente. Depois daquilo, quando perdia a paciência, Steve geralmente tinha um bom motivo, e as pessoas sabiam qual era.

O incidente da DAS deu origem a uma expressão que eles usavam no escritório sempre que algo dava errado: "solução da mamãe". E eu era uma figura materna de várias maneiras. Eu tentava corrigir, com todo o cuidado possível, situações prejudiciais e improdutivas, e, quanto mais enérgica tivesse que ser a correção, mais delicada eu era em sua execução. Por exemplo, eu era muito ponderada ao demitir pessoas. Acho errado tirar o emprego de uma pessoa e deixá-la apenas com a miséria paga pela maioria das empresas por rescisão de contrato, principalmente quando há família e filhos envolvidos. Eu sei que é um ciclo no mundo dos negócios, mas ainda assim é doloroso para mim. Então, para ajudar essas pessoas – e aliviar minha própria consciência –, eu sempre dava um aviso prévio. Eu dizia a eles, em particular e confidencialmente, que em três meses (ou quatro, ou seis) eles estariam fora da folha de pagamento. Então, parava de dar a eles atribuições, para que pudessem usar seu tempo de aviso prévio para encontrar outro emprego. Fazia isso para eliminar as pessoas improdutivas e, depois, era muito cuidadosa ao contratar, para que não tivesse que demitir por motivos de desempenho novamente.

Explorar esse lado frágil da minha personalidade tinha outros efeitos colaterais. Eu protegia os feridos e dava a eles confiança. Eu colaborava e pedia as opiniões das pessoas sobre decisões a tomar, algo com o que eles não estavam acostumados. E eu escutava as pessoas sem interrompê-las. Era difícil, porém, esperar que terminassem o *seu* raciocínio, quando na verdade eu só queria colocar minhas ideias para fora. Mas aprendi a ser paciente em Chicago.

Pela primeira vez, vi que meu lado feminino poderia ser tão poderoso quanto o lado masculino que havia desenvolvido muito bem na McCann. Mas será que ele havia se tornado poderoso demais? Será que eu era colaborativa demais, protetora demais, compreensiva demais? Bondosa... demais? O trabalho em equipe é essencial, mas toda equipe precisa de um líder cuja autoridade jamais deve ser questionada. Isso é *especialmente* verdadeiro se você é uma mulher liderando um bando de garotos brigões. Você irá deparar com problemas com os quais um homem nunca tem que se preocupar, e carinho demais pode diminuir sua autoridade. As pessoas podem ficar com a impressão de que você é boa demais para ser forte. Se tiver a menor suspeita de que isso está ocorrendo, corte o mal pela raiz e o faça publicamente. Sacrifique um ou dois para que possa salvar o rebanho. Isso aconteceu comigo durante meu segundo ano em Chicago, e foi uma lição dolorosa que teve de ser aprendida por todos.

Ao tentar deixar para trás meu comportamento típico de Nova York, posso ter exagerado, sendo bondosa e atenciosa demais. Algumas pessoas começaram a se aproveitar de mim, e eu precisava colocar os pingos nos is. Todos precisavam saber que a "mamãe" tinha um pouco de "papai" nela. Eu tinha que trazer de volta meu lado masculino e deixar claro que eu estava no comando do meu departamento de criação. A oportunidade surgiu quando um dos jovens rapazes do meu departamento de criação evidentemente ignorou minha orientação.

Tenney Fairchild era um dos meus preferidos. Ele era jovem, talentoso, e difícil. Tinha uma clássica personalidade passivo-agressiva, o que significava que ele não iria discutir se não concordasse com você; ele simplesmente se manteria inflexível e faria o que bem entendesse. Ele era diferente dos *bad boys* do 27º, que eram diretos e sempre mais óbvios em sua rebeldia contra minha autoridade.

Embora Tenney fosse "excessivamente independente" (leia-se: irritantemente teimoso), ele tinha talento e precisava crescer em termos de criatividade, por isso o coloquei no comando de uma de nossas contas-chave, a rede de lojas de conveniência 7-Eleven. Naquela época, a 7-Eleven tinha uma reputação ruim, e sua administração havia comprometido milhões de dólares para limpar as lojas e a imagem degradada da marca. Agora, tínhamos que dizer aos consumidores que as lojas da 7-Eleven estavam mudando e ficando mais modernas, que *não* eram mais as velhas e deprimentes lojas às quais as pessoas já estavam acostumadas e das quais não gostavam muito.

Tudo o que Tenney assimilou do resumo estratégico de duas páginas foi a palavra "mudança". (Eu reconheci aquela audição seletiva, pois era o que eu e meu parceiro Frank Costantini costumávamos fazer quando éramos responsáveis por criar ideias.) Então, Tenney criou campanhas sobre como as mudanças eram boas e renovadoras, e, nos últimos cinco segundos do comercial de TV de trinta segundos, mencionaríamos que as *lojas* da 7-Eleven estavam mudando, com uma frase de estímulo a resposta: "Venha e veja você mesmo".

Os comerciais eram divertidos e apenas um pouco indiretos, mas uma peça em particular fazia pouco sentido. Mostrava um fotógrafo perseguindo uma borboleta em uma floresta. De alguma forma, na cabeça de Tenney, a noção de uma larva "mudando" para uma borboleta parecia muito importante, para mostrar que, de fato, mudanças eram boas. Eu não entendi.

"O que a borboleta estava fazendo nesse comercial?", perguntei.

"É uma metáfora para 'mudança' e para a forma como ela ocorre naturalmente... Como uma força da natureza."

"Mas o que isso tem a ver com a 7-Eleven?"

"A 7-Eleven está mudando suas lojas", Tenney explicou, pacientemente.

Eu disse a ele que sabia que as lojas estavam mudando. "Mas por que o fotógrafo está caçando a borboleta?"

"O fotógrafo é uma metáfora para o consumidor."

Eu esperei pelo clímax da história. E ele não veio.

"Você está de brincadeira?", perguntei.

"Não", disse ele, parecendo genuinamente inocente.

Tenney e eu nos encaramos por algum tempo. Tentei descobrir se ele estava fazendo alguma piada. (Eu sempre era alvo das piadas dos garotos, e tinha que me concentrar muito para saber se estava sendo sacaneada.) Tenney esperou para ver quem desistiria primeiro.

"Tenney, *eu não quero que essa droga de peça com a borboleta saia da agência.*"

Eu devo até ter batido com a mão na mesa para enfatizar.

Um mês depois, as edições brutas dos filmes para a campanha estavam prontas. (As edições brutas, também chamadas de edições preliminares, são uma versão não final de um comercial de TV, e as utilizamos para conseguir a aprovação do cliente antes que a peça seja finalizada com correção de cor, trilha sonora etc.)

E lá estava. Aquela maldita borboleta sendo perseguida por um fotógrafo. Só que, agora, o fotógrafo exibia uma barba longa e desalinhada e carregava uma câmera antiga em um tripé da virada do século. Tenney não apenas mostrou ao cliente uma ideia que eu havia vetado, mas a filmou. Pior ainda, a versão preliminar fazia ainda menos sentido do que o roteiro e o *storyboard*, porque agora que era um comercial, a mensagem tinha que ser transmitida em *trinta segundos.*

Todos sabiam que Tenney havia me desafiado e estavam esperando para ver o que a "mamãe" boazinha demais faria a respeito. Eu fiz a única coisa que podia fazer: o demiti. Aquilo me matou, mas ninguém no departamento de criação jamais, aberta ou secretamente, me desafiou novamente. Depois disso, fiquei conhecida como "Mamãe... Com punhos de ferro".

Como a campanha sutil de Tenney sobre os benefícios da mudança não funcionou, estávamos por um fio. Estava claro que a 7-Eleven precisava de uma campanha grande e agressiva, que pegasse as pessoas pelo colarinho e as sacudisse para que vissem a 7-Eleven de outra forma. Mas eles eram clientes gentis e bondosos, e campanhas agressivas não pareciam carinhosas e amigáveis o suficiente para eles.

Para convencê-los de que precisavam de algo chamativo, montamos uma pequena apresentação para ilustrar por que a marca precisava de uma ideia grande, agressiva. Nós os convencemos de que a 7-Eleven era o alvo das piadas de todos, e montamos uma fita com todos os insultos que pessoas como Jay Leno e David Letterman haviam feito sobre lojas de conveniência. Mostramos a fita para nossos clientes da 7-Eleven na reunião seguinte. Ao final da gravação, os clientes estavam rindo, mas entenderam nosso ponto. Eles estavam do nosso lado. Inclinei-me até Jeff York – o profissional de criação que havia editado a fita – e disse: "Não seria ótimo se esses comediantes pudessem ser convertidos? Será que Jay Leno faria um comercial?"

No final das contas ele não faria, mas outros comediantes, sim. A campanha criada por Jeff era engraçada e ia direto ao ponto. Cada peça começava com um comediante fazendo uma piada engraçada e depreciativa sobre a 7-Eleven, a caminho de uma loja recentemente renovada. Uma vez dentro da loja, o comediante percebia as melhoras e, na saída, comentava, com um tom de inveja, sobre como o lugar havia mudado. Quando vendi essa campanha para nossos grandes clientes, Jim Notarnicola e Marva Cathey, disse a eles que esperava que a campanha se tornasse irrelevante em um ano. Como era de se esperar, à medida que as lojas iam melhorando, as piadas sobre a 7-Eleven iam cessando, e depois de dois anos a campanha se tornou desnecessária. Nós tínhamos convertido nossos consumidores. Estávamos todos muito felizes com aquilo, embora odiássemos ver o fim da campanha.

Tenney Fairchild tornou-se diretor de comerciais, e, mais tarde, roteirista, diretor e produtor. Embora soubesse que ele tinha de sair, eu ainda gostava dele, e logo após sua saída da J. Walter Thompson, dei a ele uma oportunidade na esperança de que isso alavancasse sua carreira. Quando Steve Romanenghi e Matt Canzano criaram o famoso comercial "Brain Freeze" para o Slurpee, uma bebida da 7-Eleven – uma ideia tão brilhantemente simples que conseguiram vendê-la para mim no corredor e, em seguida, para nossa cliente, Marva Cathey, por telefone –, eu pedi a Tenney que o dirigisse, e ele fez um ótimo trabalho.

Mas o comercial "Brain Freeze" trouxe outro benefício: eu tornei o comercial famoso, mesmo sem muita verba para mídia, o que me ajudou a ganhar pontos e lealdade dentro do meu departamento de criação. É isso o que as pessoas da área de criação mais querem na vida: ser ricas e famosas, principalmente, famosas. De acordo com nossa programação, o "Brain Freeze" seria exibido apenas na MTV, mas eu sabia que poderíamos tornar o comercial famoso se conseguíssemos um bom local para exibição, isto é, durante um grande e importante evento de mídia, com muitos espectadores, como o Super Bowl, a festa do Oscar ou o Grammy. Sairia caro, mas valeria o preço.

Liguei para o nosso departamento de mídia e disse que queria exibir o "Brain Freeze" no primeiro *Late Show* do David Letterman, na CBS, depois de sua saída da NBC – um evento que certamente atrairia grande audiência. Eles disseram que daria para fazer isso sem estourar o orçamento. O cliente aprovou a decisão e o comercial foi ao ar. Letterman gostou tanto do comercial que o termo "Brain Freeze" apareceu na sua lista dos "Top 10" na noite seguinte, e ele colocou Soupy Sales (um comediante americano que participava do programa) no meio da plateia, bebendo um Slurpee. Ficamos em êxtase: tínhamos ganhado um segundo "comercial" para o Slurpee no programa de Letterman, *sem pagar nada*! Algumas semanas depois, o *USA Today* o classificou como um dos comerciais de TV mais populares daquele mês. Tinha sido exibido apenas uma vez na CBS e algumas vezes na MTV.

Depois disso, os *bad boys* do 27º começaram a ficar de joelhos quando passavam em frente ao meu escritório. Eles achavam que estavam sendo engraçados, mas eu adorava aquilo. Consegui respeito instantaneamente e também diminui o ressentimento que as pessoas tinham por causa da demissão de Tenney.

À medida que meu segundo ano na JWT progredia, o mesmo acontecia com nosso ímpeto. Nós tínhamos conseguido de volta algumas contas muito importantes com a Kraft, estávamos com ótima relação com nossa clientela e conquistando *novos* clientes. O feito mais fascinante foi chegar às finais para a cobiçada avaliação de 50 milhões de dólares da Milk Board. Isso era um negócio grande para os padrões de qualquer pessoa, e o escritório de Nova York queria fazer a proposta. Steve Davis e eu dissemos não, isso era nosso.

Foi uma manobra ousada. Se perdêssemos, Steve e eu estaríamos fritos, principalmente porque tínhamos recusado a ajuda do escritório de Nova York. Mas eu tinha uma carta na manga: Tim Kane. O trabalho e as ideias têm de estar lá, é claro, mas são várias as agências que terão feito um bom trabalho, sempre. Por quem o cliente irá se apaixonar? Esta é a pergunta que importa.

A JWT tinha o melhor apresentador que eu já tinha visto. Quando estava "ligado", Tim Kane podia fazer frente aos melhores comediantes, e nós ganhamos o prestigioso negócio basicamente por conta de sua brilhante, engraçada e encantadora apresentação da parte criativa. Ele fez todos morrerem de rir: os clientes, os consultores e todos nós na JWT. Ficamos todos apaixonados. Eu nunca fiquei tão orgulhosa dele.

Na verdade, eu fiz aquela escolha porque, por melhor apresentadora que eu acredite ser, Tim era melhor. Meu ego nunca supera o meu bom senso. Nós conseguimos o negócio de 50 milhões de dólares da Milk Board e, em três anos, mudamos a sorte da JWT. Não apenas acabamos com o declínio, mas duplicamos as contas do escritório.

Quando deixei Chicago para retonar à McCann como diretora-geral de criação, vários dos *bad boys* do 27º se ofereceram para me levar para sair e tomar um drinque de despedida. (Não era Jägermeister, eles prontamente me asseguraram.) Achei fofo da parte deles me convidar e imaginei que provavelmente era seu jeito de fazer as pazes. E também deduzi que eles estavam tão felizes por finalmente se livrarem de mim que queriam comemorar. Então, me levaram a um bar que servia martinis que eram famosos por incluir azeitonas recheadas com gorgonzola, e antes que eu bebesse meu segundo drinque – que eles sabiam que me faria esquecer de tudo completamente –, eles disseram que todos me seguiriam até Nova York se eu quisesse. Fiquei chocada. Eu pensei que eles estavam só sendo legais com uma chefe que estava de saída. Mas eles estavam falando sério, aqueles pestinhas.

Acabei contratando sete deles. Dave Moore foi o primeiro. Ele ajudou a salvar os negócios da AT&T na McCann e se transformou num brilhante participante em novos negócios, em Nova York. Ele era tão bom que acabou me deixando para se tornar diretor de criação em nosso escritório de Detroit.

Então, contratei Gib Marquardt, Paul Behnen, Dean Bastian, Tom Jakab e Hal Walters, um judeu hassídico que já escreveu piadas para Jonathan Winters e desarmava todos com sua graça fria e irreverente.

O último a entrar foi o pior dos *bad boys*: Tim Kane, o próprio. Todos eles são parte integral de minha carreira e minha vida. Eles sempre estiveram lá para mim quando precisei, com apoio e carinho incondicionais.

Até hoje, não há nada que os *bad boys* do 27º não fariam por mim. E vice-versa.

PARTE 2

NÃO ESCALE O MONTE EVEREST USANDO MANOLO BLAHNIK

Toda batalha requer armas. Consiga algumas. Como mulheres, temos armas e talentos que são unicamente nossos, como a empatia e a intuição, sobre as quais já deve ter ouvido falar até enjoar. Mas, se quiser vencer no mundo dos negócios, tem que ser uma jogadora, e isso requer habilidades que você já pode ter desenvolvido ou não. E, mesmo que tenha essas habilidades, pode acreditar, como muitas mulheres, que usá-las não seja algo que esteja à sua altura.

Esqueça isso.

Quando estiver tentando vencer entre homens, use o que tiver disponível. E o que quer que ainda não tenha, você poderá aprender. Como meu pai, que era engenheiro elétrico, costumava dizer constantemente: "Não tente nada sem as ferramentas certa".

Para falar a verdade, você é totalmente capaz de seduzir e manipular até chegar ao topo dos clubes do bolinha, se lá é aonde quer chegar. No mínimo, você pode conseguir posições de respeito e poder, não importa a que altura decida escalar. Neste momento, outras pessoas podem estar tomando decisões por você, mas você pode arrancar esse poder delas e escolher por conta própria o que quer ser. Para isso, precisa reconhecer suas habilidades inatas, adquirir destrezas que ainda não possua, e usar tudo isso com prudência e sabedoria. Acima de tudo, seja inteligente.

Você pode começar entendendo os homens.

A má notícia é que há muitos deles nos negócios, e eles detêm a maioria dos cargos principais. A boa notícia é que não é difícil seduzi-los e manipulá-los. A maioria das pessoas (incluindo algumas mulheres), na verdade, até gosta de ser "manipulada", contanto que você aja com generosidade e não a magoe. Elas não guardarão rancor pelo fato de tê-las manipulado se der a elas algo em troca, como uma ajuda para que sejam melhores no trabalho ou pessoas melhores. Não é degradante operar desta forma se souber o que está fazendo, se seu coração estiver no lugar certo, e se tiver as armas certas em seu arsenal.

Há apenas duas observações em relação a essas armas: você deve saber usá-las e não deve ter medo de dispará-las.

5

ELA CHORA, ELA GRITA, ELA SE DERRETE, ELA CHIA

Tudo o que já nos disseram sobre como as mulheres devem se comportar no mundo dos negócios está orientado a nos sufocar e nos deixar inseguras em relação a nós mesmas. Eles dizem não fique brava, não chore, não seja abertamente crítica – especialmente com um homem –, não seja "emotiva", não tenha esperança, não sonhe, não pergunte, não faça *exigências*. O conselho é... Como posso colocar de forma delicada? *Papo furado!*

Não acredite em nada disso. Especialmente a parte sobre não ser "emotiva". Eu coloquei esta palavra entre aspas pelo fato de ser tão ambígua. Aliás, o que ela significa mesmo? Quando os homens nos acusam de sermos muito "emotivas", do que eles estão falando na verdade? É o fato de ou chorarmos, ou ficarmos bravas que os confunde. Se somos sensíveis, cuidadosas e carinhosas (especialmente com eles), eles não acham que somos muito emotivas. Isso só acontece quando perdemos a calma ou a compostura com *eles*. Já perguntei a homens por que eles se sentem tão intimidados por nós, e eles dizem que é porque não sabem como se comportar quando choramos ou perdemos a paciência. Isso os assusta. Obviamente, eles não têm esse problema uns com os outros. Quando um homem demonstra sua raiva para outro homem, é aplaudido como forte e inflexível. Se ele chora (ou derrama lágrimas, melhor dizendo), é sempre por um motivo muito bom, e geralmente tem algo a ver com esportes. De qualquer forma, ele é normalmente perdoado. Nós, não. Somos penalizadas. Minha solução para isso não é ser menos emotiva. Seja mais, mas o faça com sensatez.

Não há problema algum em uma mulher demonstrar suas emoções no trabalho, contanto que ela saiba tirar proveito disso. Se a ajuda a seduzir e manipular, grite e berre à vontade. A raiva, por exemplo, pode ser bem eficaz se você usá-la com inteligência e sem exageros. Os homens não terão medo de mulheres que expressem sua raiva de forma inteligente e *controlada,* nem serão indiferentes a elas. O que os assusta são as histéricas. A raiva é permissível, mas vociferar e enfurecer-se descontroladamente a fazem parecer uma louca. Reputação e avanço profissional estarão em risco se você for rotulada como "cabeça quente". Mesmo que você seja uma pessoa "criativa", surtos só serão tolerados até certo ponto. Eu sei, porque fiz todas essas coisas no começo de minha carreira e aprendi algo com isso.

Para seduzir os clubes do bolinha, você precisa usar tudo o que tem à disposição, incluindo um conjunto de emoções fortes. Homens precisam saber que você está presente e que é uma força que eles terão de enfrentar. A pior coisa que pode acontecer é ser ignorada. Trabalhe duro e solte um rangido quando sentir que precisa de um pouco de óleo.

Como mulheres nos negócios, nós temos que ser capazes de demonstrar nosso descontentamento com pessoas e circunstâncias, caso contrário não seremos muito melhores que as esposas certinhas e submissas do filme *Mulheres perfeitas.* Creio que o melhor termômetro para saber quando usar a raiva é ter certeza de que não é pessoal. Dá para saber a diferença quando se pega dizendo coisas como:

"Como ousa *me* questionar?"

"Ele provocou o *meu* fracasso."

"Isso é ruim para *mim.*"

Você pode ver onde esses exemplos são um pouco egoístas. Mas estará em terreno mais seguro se sentir raiva em nome da empresa, em defesa de seus colegas ou para proteger a qualidade de seu trabalho.

Lembre-se, ninguém culpa a mamãe urso por proteger seu filhote, mas ninguém quer andar junto a ela. E, se ela for intensa demais em sua defesa, alguém do controle de animais aparecerá e a abaterá. Não estou dizendo que isso vai acontecer com você; talvez eles usem uma arma de choque ou algo do tipo, mas tenha cuidado, só para garantir.

Um surto ocasional também pode ser perdoado se você possuir outras qualidades que sejam mais protetoras. É como o amor rígido de sua mãe. Você sabe que ela a ama, mas de vez em quando ela precisa ajustar seu comportamento. Cuide das pessoas que lidera e elas enxergarão seu "ajuste de comportamento" da perspectiva adequada.

Mais uma coisa: sempre grite para o alto ou para a frente, nunca para baixo. É injusto gritar com pessoas que não podem se defender contra você.

Ataques de fúria e desordem

Gostaria de poder dizer que aprendi minha lição em Richmond, quando tive meu ataque de raiva enquanto comia uma maçã que quase me matou. Seria mentira, mas eu gostaria de poder dizer isso. Aprender com os erros é um sinal de maturidade. Ainda assim, amadureci lentamente e tive ataques de fúria de vários tamanhos e formas. O último grande ataque aconteceu pouco antes de eu sair da McCann Erickson para me tornar a diretora-executiva de criação na JWT/Chicago.

Eu era a diretora de criação de um grupo que gerenciava a conta da Alka-Seltzer e tinha um cliente muito difícil, que era o diretor de marketing daquela empresa. O homem tinha uma missão: ele queria revitalizar sua debilitada marca e entrar para a história como um gênio do marketing. Quem poderia culpá-lo?

Todos adoravam a marca Alka-Seltzer, só não estavam mais comprando seus produtos. Eles amavam a marca porque ainda se lembravam dos famosos e premiados comerciais que abriam com o garotinho-símbolo da empresa.

Speedy Alka-Seltzer – um dos mais encantadores ícones do ramo da publicidade – vendia pastilhas efervescentes para aliviar azia, queimação de estômago, má digestão, dores de cabeça, corporais ou generalizadas. Em outras palavras, muita comida e bebida. Cantando um dos *jingles* mais famosos já escritos (*"Plop, plop, fizz, fizz, oh, what a relief it is*"), Speedy mostrou sua graça em mais de duzentos comerciais de TV entre 1953 e 1964.

Em 1972, o comercial "Não acredito que comi tudo" foi ao ar na TV, e a frase tornou-se uma das dez mais memoráveis da década, de acordo com a revista *Newsweek*. Porém, o comercial mais brilhante de todos os tempos da Alka-Seltzer foi o mais simples: foi ao ar em 1969, estrelado por George Raft, o ator famoso por seus papéis de vilão em nos filmes *noir* dos anos 1940, a propaganda chamada "O almoço inacabado".

No comercial, George Raft e cerca de outros duzentos condenados estão em um refeitório na prisão. Ele dá uma mordida na horrível comida da penitenciária e, retorcendo-se de nojo, pega seu copo de metal e começa a bater devagar e intencionalmente na mesa de ferro do refeitório, enquanto canta "Alka-Seltzer". Então, o prisioneiro a seu lado faz o mesmo. Depois, outro e mais outro, até que todos no refeitório estão batendo copos e cantando com Raft "Alka-Seltzer, Alka-Seltzer, Alka-Seltzer". O comercial termina com a promessa, "Para alívio rápido... Alka-Seltzer".

Mas, quando assumi a conta, não produziam um grande comercial da Alka-Seltzer havia mais de uma década. O cliente estava determinado a mudar isso com uma verba de 15 milhões de dólares – o que não era muito dinheiro para uma marca direcionada às massas, que supostamente deveria ter apelo junto a qualquer um que bebesse ou comesse demais. Para que o dinheiro desse conta da missão, a publicidade deveria se esforçar para ser notada e lembrada (isso se chama "memória"), e teria que ser capaz de persuadir as pessoas a comprar o produto (isso se chama "intenção de compra" ou "persuasão"). Adicionei mais uma exigência: a publicidade deveria rivalizar com o padrão criativo dos antigos e famosos comerciais da Alka-Seltzer.

Os administradores da marca não estavam preocupados em colocar comericiais populares no ar. Só queriam que o trabalho tivesse bom resultado nos testes com consumidores, porque assim poderiam provar que tinham cumprido sua missão. Consequentemente, era muito difícil vender qualquer coisa boa para o diretor de marketing, e, quando ele finalmente concordava em testar uma ideia criativa, suas expectativas eram irreais. Assim, senti uma pressão enorme para produzir e veicular algo que passasse no teste e não me humilhasse publicamente. (A humilhação pública ainda é a melhor motivação para todas as pessoas da área de criação.)

Havia duas pessoas-chave que cuidavam da conta da Alka--Seltzer comigo: uma era meu diretor de arte e criação, parceiro e bom amigo Steve Ohler. Steve era um sósia de Kevin Costner que era e ainda é um dos homens mais decentes do planeta. A outra era Rob McKinley, o gerente de contas mais sênior no negócio, que parecia um Robert Redford desgrenhado. Nós três éramos a combinação perfeita, pois Steve e eu éramos totalmente preocupados, enquanto Rob era exatamente o oposto. Ele nunca parecia se importar com nada. Na verdade, ele nunca sequer usou relógio, o que costumava me deixar louca.

"Como você consegue não usar relógio?"

"Eu nunca usei." Ele sempre respondia minhas perguntas com algo ilógico. Era sua maneira de evitar problemas.

"Como você sabe que horas são?"

"Eu sempre sei que horas são."

"Que horas são agora?"

"Dez e meia."

E ele estava certo. Eram dez e meia.

"Como você sabia?"

"Eu olhei no seu relógio."

"Você não tem medo de se atrasar para reuniões?"

"Eu já me atrasei?"

Nós tínhamos essa discussão regularmente. Até hoje, Rob não usa relógio. Por que os homens irritantes são geralmente os mais interessantes?

A sede da Alka-Seltzer ficava em Elkhart, Indiana, e o simples esforço de viajar até lá era fisicamente, e também psicologicamente, difícil. Saíamos de casa às 5h30 da manhã, pegávamos o voo das 7h para Chicago, e então voávamos num teco-teco até Elkhart. Chegávamos às reuniões por volta das 11h30, assistíamos enquanto os clientes almoçavam na nossa frente sem nem sequer nos oferecer algo para comer (eu juro), mostrávamos a eles três ou quatro campanhas, escutávamos que o trabalho estava todo em desacordo com a estratégia, porque eles haviam alterado na véspera sem nos consultar, e então voltávamos pra casa da mesma forma que tínhamos ido, para então desmoronar em nossas camas à meia-noite.

Só nós divertíamos uns com os outros, e nos voos de volta encontrávamos alguma coisa sobre a reunião para dar risada. Na verdade, quanto mais horrível a reunião, mais ríamos.

Nós passávamos por essa rotina da Alka-Seltzer duas vezes ao mês. Entre uma reunião e outra, Steve e eu nos esforçávamos para desenvolver trabalhos que fossem aprovados e, finalmente, testados, para podermos colocar alguma coisa no ar. Steve e eu éramos a equipe principal na Alka-Seltzer, mas éramos também a equipe de criação para os biscoitos Ritz e escrevemos e produzimos comerciais para uma campanha da Ritz que foi muito bem aceita. Também supervisionávamos outros negócios do meu grupo: Steve cuidava da Waterman Pens, e eu comandava nossa maior conta, a AT&T. Sempre estávamos exaustos, e qualquer um que nos visse durante esse período sabia que as únicas coisas que nos faziam continuar eram o medo de fracassar e enormes doses de adrenalina. Depois de um ano de punição física e emocional, a McCann contratou um novo gerente-geral para o escritório de Nova York, e uma de suas primeiras ideias foi nos dar uma mãozinha com a Alka-Seltzer. Ele foi imediatamente apelidado "Skippy", por ser entusiasmado demais. Ele também tinha o hábito de explicar as coisas para mim enquanto desenhava caixas em um bloco amarelo. Todas as suas ideias estavam impressas organizadamente *dentro* das caixas. Sério, ele me assustava.

Um dia, Skippy teve uma ideia para a Alka-Seltzer que, ele tinha certeza, salvaria nossa pele, e mal podia esperar para compartilhá-la comigo. Eu implorei a Rob para que fizesse Skippy ir embora, mas em vez de fazer isso ele disse ao nosso novo chefe que eu estava tendo um colapso nervoso e não podia ver ninguém. Skippy disse a Rob para me manter sob controle, senão ele mesmo o faria. Rob o encorajou a tentar, assegurando-lhe de que eu escutaria uma autoridade mais alta.

Foi uma maldade o que Rob fez, e Skippy estava totalmente despreparado para o que aconteceria em seguida. Os dois homens vieram me ver para um bate-papo. Rob mal podia disfarçar sua alegria, enquanto entrava em meu escritório, seguindo Skippy. Mas Skippy estava tão concentrado em sua missão que nem analisou o ambiente. Em primeiro lugar, meu escritório fedia a cigarro, pois eu vinha fumando um atrás do outro. Em segundo lugar, a sala parecia ter sido alvo de uma bomba, entulhada de *storyboards*, latas vazias de Coca Diet e sanduíches pela metade. Em terceiro lugar, meus olhos estavam vermelhos e cansados porque Steve e eu vínhamos trabalhando até tarde todas as noites, sem dormir. Mas a maior pista estava na minha parede. Era uma placa enorme que dizia:

Kit de fuga da Alka-Seltzer

Debaixo da placa havia dois aparelhos de barbear etiquetados com "Dele" e "Dela". Quando Skippy e Rob entraram sem aviso, Steve estava sentado no meu sofá, apoiando a cabeça nas mãos, e eu estava andando para a frente e para trás, fazendo um caminho através das montanhas de lixo no chão. Skippy imediatamente anunciou que tinha uma ideia.

Sua ideia era que colocássemos um ator em *close-up* em frente a uma câmera estática (o que significa que não teria movimento.) O ator segura uma caixa de Alka-Seltzer em uma mão e diz que aquele produto é ideal porque são dois, dois, dois – e o ator deveria mostrar dois dedos perto do rosto, pois a câmera está bem próxima dele –, dois remédios em um. Para dor de cabeça e má digestão. Essa é a estratégia, afinal, nós deveríamos ser muito simples e claros na comunicação. Sem piadas nem nada estranho (como uma ideia criativa) para desviar o espectador da "mensagem".

Skippy decide que, como pareço chocada, isso significa que não entendi seu comercial. Então, ele o encena novamente. Dessa vez, segura um de meus maços de cigarro, representando a caixa de Alka-Seltzer, e a comprime contra sua bochecha. Ele levanta os dois dedos junto a sua outra bochecha para demonstrar novamente a "ação" em seu comercial.

"Serve para dores de cabeça? Ou para má digestão? Ora, para *os dois*", Skippy diz, com um largo sorriso. Então, pisca para mim. Acho que foi a piscada que me animou, mas continuei sem dizer nada. O que eu poderia dizer? Agora, Skippy acha que meu silêncio se deve à possibilidade bem real de eu ser mesmo uma idiota.

"Entendeu?", ele finalmente me pergunta.

Olho para Rob, que me olha, seus olhos azuis arregalados com surpresa e deleite. Ele está lutando com cada centímetro de seu corpo para não rir e fica tossindo para mascarar seu descontrole.

"Entendeu?", Skippy pergunta novamente.

Eu pego o aparelho de barbear de nosso *Kit* de fuga da Alka-Seltzer e bato com força na mesa. Então, mostro meus pulsos para Skippy.

"Vá em frente. Corte meu pulso agora. Pode até cortar *os dois*, porque o único jeito de essa agência fazer um comercial da *maldita* Alka-Seltzer com uma cabeça falante dizendo 'duas, duas, duas pastilhas em uma'* é por cima da *porra do meu cadáver*. Eu serei um pária neste ramo. Entrarei para a história como a *picareta* que, sozinha, *destruiu* a marca Alka-Seltzer. Eu prefiro morrer e levar *você* comigo.

O rosto de Skippy fica pálido. Ele joga o maço de cigarros na minha mesa e diz que fumo demais. Enquanto ele segue Rob para fora de meu escritório, eu bato a porta com força, tentando acertar seu traseiro ao sair. Alguém no corredor escuta sua conversa.

"Ela sempre é assim?", Skippy pergunta a Rob.

E, então, meu bom amigo senhor McKinley responde:

"Quase sempre."

Eu nunca aprendi a lidar com aquele cliente da Alka-Seltzer, e o negócio nunca melhorou enquanto eu estava tomando as de-

* A frase "Two, two, two mints in one" foi usada pela Certs por anos. Ela respondia à importante pergunta: "É uma pastilha para o hálito ou um doce?".

cisões. Sean Fitzpatrick, o novo diretor de criação da McCann Nova York, tentou ajudar. Quando ele ouviu sobre como estávamos sendo tratados, mandou uma nota ao cliente Alka-Seltzer dizendo: "Alimente meu pessoal". Eles o fizeram. Mas ainda assim, não aprovaram nenhum trabalho nosso.

Finalmente, Sean encontrou a motivação perfeita para mim.

"Dê um jeito nisso", ele disse. "Se perdermos essa conta, vou fazê-la demitir quatro pessoas."

Era a única coisa que ele poderia dizer para me fazer admitir a derrota e abdicar do controle daquela conta. Mas eu aprendi uma lição: tentar fazer tudo sozinha pode ser prejudicial (e também desnecessário), e uma pessoa confiante sabe quando passar o bastão a alguém que pode fazer um trabalho melhor. Delegar é um conceito difícil de ser adotado por uma pessoa controladora. Permitir que outros façam trabalhos que você acredita que pode fazer melhor requer coragem, e um caráter ainda mais elevado para conviver com as soluções deles. Mas eu não tinha escolha. Passei a conta para um de meus diretores de criação, que escreveu um *jingle* com vinhetas que mostravam pessoas cuidando de suas vidas cotidianas, não permitindo que dores de cabeça ou indisposições as atrapalhassem. O cliente aprovou a ideia. Meu diretor associado de criação era um herói, e eu permiti que ele conduzisse o negócio com autonomia. Sua campanha ficou no ar por dois anos, e as vendas da Alka-Seltzer melhoraram. Até um *jingle* com vinhetas era melhor do que não colocar absolutamente nada no ar.

Mais ou menos seis meses depois, eu saí para comandar o departamento de criação da JWT/Chicago, e por três anos eu raramente perdi a calma. Mas, mesmo antes daquela mudança para o supersensível Meio Oeste, eu sabia que gritar não exigia nenhuma grande habilidade. Qualquer idiota pode berrar. Eu apenas acreditava que o jeito mais fácil de manipular as pessoas, especialmente os homens, era ter o pavio curto. Eu achava que, se tivessem medo de meu temperamento, eles seriam mais cuidadosos ao lidar comigo. Eu ainda levaria muito tempo para tirar aquilo *por completo* de meu sistema.

E, ainda assim, aprendi alguma coisa sobre controlar esses ataques de fúria ao longo do caminho. Por exemplo, agora conto até dez antes de reagir ao comportamento mais imbecil. Se alguém faz uma sugestão horrível que irá arruinar minha vida, eu conto calmamente até dez em minha cabeça, para parecer que estou realmente pensando sobre os méritos da ideia. E, então, digo: "Tudo bem, isso parece bom. Vamos ver no que dá". Quando eu voltar e disser que a sugestão não funcionou, irá parecer que eu tentei sinceramente e que a ideia realmente não deu certo. É melhor do que morrer de asfixia (com uma maçã) ou sangrar até a morte (com um aparelho de barbear).

Outra lição que aprendi foi escolher minha audiência com cuidado. Nunca é uma boa ideia ter um ataque de nervos na frente de seu chefe, e, principalmente, diante de uma plateia, mesmo que você não tenha dúvidas de que está certa e que outra pessoa está errada. E a última lição que aprendi foi: quando alguém deixá-la louca, tome Alka-Seltzer para alívio rápido da dor de cabeça e da amolação. "Dois, dois, dois remédios em um!"

Existe choro na publicidade?

Se existe um lugar para a raiva em seu repertório de emoções, então, que tal para as lágrimas? Dizem para não chorarmos no escritório porque isso nos faz parecer fracas. Mas isso é uma verdade completa? As lágrimas podem ser úteis para seduzir e manipular homens no escritório? Depende do motivo pelo qual estamos chorando. Se estivermos chorando porque estamos magoadas (e eles nos magoam) ou porque também estamos com raiva (um golpe duplo), eles ficam muito incomodados. Mas os homens não fazem objeção se derramamos lágrimas.

Já chorei no escritório mais de uma vez. Em algumas ocasiões valeu a pena; em outras, não. É um caminho perigoso (como nós, publicitários, gostamos de dizer), porque você não quer ser vista como uma pessoa fraca ou chorona, mas, mesmo assim, chorar sempre funciona para conseguir a atenção de um homem. Se você é uma pessoa forte por natureza, uma voz hesitante e uma lágrima ocasional podem amolecer até o homem mais duro. Por exemplo, o macho alfa mais forte que conheço é meu parceiro de longa data e atual executivo-chefe de operações da McCann Worldgroup, Eric Keshin, e, nas poucas vezes em que me debulhei em lágrimas com ele, o deixei de joelhos. Ele odeia me ver derrotada a ponto de perder a compostura e sempre me defende nessas ocasiões. A vez que em não valeu a pena foi quando me desmanchei em lágrimas na frente de meu chefe, John Nieman, mas isso teve mais a ver com ele do que comigo.

John era meu diretor de criação na Y&R, e eu era uma de suas diretoras de criação associadas. Naquela época, eu sempre me sentia sobrecarregada, porque estava gerenciando muitos negócios: Kentucky Fried Chicken, Thomas' English Muffins, as revistas *Time* e *People*. Eram todos clientes bons, mas que demandavam tempo. E, na minha opinião, nunca tive pessoal suficiente para me ajudar.

John tinha um estilo interessante de administrar, especialmente comigo. Eu entrava em seu escritório e reclamava que precisava de mais pessoas na criação – só que ele nunca podia disponibilizar mais gente para mim. Tudo o que ele tinha eram cigarros e espelhos. Então, ele me fazia ir até um móvel de seu escritório que já fora um arquivo de uma biblioteca. Ele tinha cerca de quinhentas pequenas gavetas, e cada uma continha um dos truques de mágica de John. Ele era um mágico amador e muito bom naquilo, porém o que o tornava grandioso não eram tanto os truques, mas os trejeitos engraçados que ele fazia ao apresentá-los. Como sou uma negação em prestidigitação, ele sempre conseguia acabar com meu tédio com alguns bons truques. Ele também sabia que eu tinha dificuldades de concentração, e a mágica era uma maneira fácil de me distrair quando eu ia falar com ele sobre algum problema.

Naquele dia em particular, eu estava em pânico porque tinha de estar em três lugares ao mesmo tempo. Entrei correndo em seu escritório e expliquei a ele meu problema. Comecei a explicar com bastante calma.

"Eu tenho que cobrir a produção de rádio para a Thomas' English Muffins porque o redator... *Meu* redator... Está *em uma filmagem para uma conta de outra pessoa*; tenho uma reunião de pré-produção para o comercial mais complicado já criado para o KFC porque eu *sou* a redatora; e tenho a *cliente do inferno* (da revista *Time*) esperando em meu escritório para achar mais uma *maldita* forma de me HUMILHAR com mais um anúncio impresso que não faz sentido algum e que tem que ser liberado em *DUAS HORAS*."

A essa altura, eu já tinha perdido a razão completamente.

"*O que eu vou FAZER*? Preciso de mais ajuda, John. Não posso trabalhar desta forma. Não posso estar em três lugares ao mesmo tempo."

Niemen me olhou com uma expressão calma e vazia, que apenas me deixava mais irritada, e disse: "Vá abrir uma gaveta".

"Eu não preciso de um truque de mágica, John. Preciso de um milagre."

Ele parecia magoado, e agora eu estava pensando que havia ferido *seus* sentimentos. *Eu o magoei.* Como ele vira o jogo comigo assim? Além de ficar histérica, agora estava *ME SENTINDO CULPADA*. Comecei a chorar, e, para esconder a idiotice que é chorar na frente de meu chefe, faço uso da raiva, esperando que a fúria irá se sobrepor à fraqueza das lágrimas. Foi uma manobra complicada, e eu *não* a executei com maestria.

Então, agora estava chorando e gritando, e tinha certeza de que ele iria me expulsar de seu escritório. Mas, em vez disso, ele calmamente ofereceu o melhor conselho que já recebi. Ele disse que eu sempre estaria fazendo malabarismos com muitas coisas, é a minha natureza, e que alguma coisa sempre seria negligenciada. A única pergunta é: quem vai decidir o que vai ser negligenciado? Ele sugere com veemência que eu mesma tome a decisão, em vez de deixar que as circunstâncias façam isso por mim.

"Pelo menos, você terá a ilusão de estar no comando", ele disse.

Esta seria a única mágica verdadeira que eu o veria fazer.

Então, fui primeiro à reunião com a cliente da *Time*, e, em vez de termos nosso habitual e prolongado "bate-papo" sobre qual foto ficava melhor em um anúncio, disse apenas que ela poderia usar a foto que quisesse. Reuniões com essa mulher controladora sempre levavam menos tempo quando o fardo da criatividade era deixado de lado. As duas fotos eram boas, de qualquer forma (minha escolha era um pouco melhor). No final das contas, ninguém dava a mínima. Aquela reunião durou cinco minutos.

Então, corri para a reunião de pré-produção da filmagem do comercial da KFC (também uma reunião com o cliente) e deixei um dos produtores da agência cuidando da produção de rádio para a Thomas' English Muffins. Eu odiei o comercial finalizado, e tive de regravá-lo no dia seguinte. Aquilo custou 1.250 dólares em talento e gastos com estúdio, com os quais a agência arcou. Ninguém dava a mínima para isso também.

Decidir qual bola deixar cair é uma "escolha de Sofia" para mim, porque sempre penso que tudo é igualmente importante. Ainda me irrita ter que fazer esse tipo de seleção, mas não choro mais por causa delas. À medida que cresci e amadureci como líder, comecei a chorar por coisas mais importantes.

Minha melhor história de choro é agora parte do folclore da McCann Erickson. *Supõe-se* que eu chorei em uma reunião com um cliente, e, embora isso seja preciso, não é exatamente verdadeiro. Não houve lágrimas de verdade, mas houve *muita* emoção, e, com certeza, a *indicação* de que escorreriam lágrimas de meus olhos.

O incidente aconteceu durante uma apresentação para o negócio de 700 milhões de dólares da Verizon Wireless. Para começar, era uma estranha apresentação de proposta, porque já tínhamos um relacionamento com John Stratton, diretor de marketing da empresa. Na maioria das vezes, potenciais clientes são estranhos. John é duro, porém justo, e tem personalidade inflexível. Ele procura essas mesmas características nas pessoas e empresas com as quais negocia. Foi por isso que a imagem de machos-alfa implacáveis da McCann o atraiu. Éramos feitos um para o outro.

Em uma reunião, perto do fim desse processo de seis meses, tínhamos acabado de dar a ele uma grande ideia para incentivar a lealdade do consumidor. Houve uma calmaria na reunião, e, como estava cansada, resmunguei algo, reclamando.

"Então, John, vamos nos casar ou não? Meu marido só precisou de *dois* meses de namoro para me fazer essa pergunta."

Foi tão inesperado que Stratton caiu na gargalhada. Eu gostaria de dizer que ele também ficou tão desarmado que nos deu a conta imediatamente, mas o processo levou mais um mês. Nossa ideia final para o negócio da Verizon Wireless seria a cena que Eric Keshin gosta de chamar de meu "ataque de choro", mas não foi exatamente assim.

Fizemos nossa apresentação final para John Stratton e dois importantes homens em sua organização: o diretor de operações e o CEO, que comandava toda a dinastia da Verizon Wireless.

Parte de nossa missão era introduzir a V CAST, uma nova tecnologia que fazia do telefone um centro de entretenimento com *downloads* sofisticados e transmissão de conteúdo, que incluía programação projetada apenas para telefones móveis. Essa tecnologia agora avança a toda velocidade, mas na época era tão nova que até os clientes mais antigos tinham visto apenas um protótipo; eles nunca tinham de fato segurado em suas mãos um telefone V CAST em funcionamento.

Nossa estratégia para ganhar esse negócio era provar que éramos a agência *ninja* que desejavam, então enviamos Suresh Nair, co-diretor de planejamento estratégico da McCann, para a Coreia, onde a tecnologia já existia havia alguns anos. Para Suresh, foi como viajar em uma máquina do tempo e avançar cinco anos no futuro. Os coreanos estavam tão mais adiantados que podiam fazer *downloads* de filmes em seus telefones. Depois que assistiam a um trecho de filme de 15 minutos, este era substituído pelo trecho seguinte de 15 minutos. Era incrível. Suresh não só comprou um telefone e fez o *download* de um novíssimo clipe de Britney Spears, mas também contratou uma equipe de filmagem e gravou a si mesmo nas ruas de Seul, mostrando o vídeo de Britney em que ela seduz um cara qualquer em um banheiro de avião, tudo isso em seu maravilhoso telefone V CAST.

Nossos clientes ficaram maravilhados, não apenas com o vídeo de Britney Spears, ao qual assistiram três vezes, mas também com o fato de que voamos para a Coreia para ter uma experiência em primeira mão com essa nova tecnologia. Eu sabia que tínhamos conquistado o negócio antes mesmo de mostrar a eles as brilhantes ideias criativas que os deixariam de queixo caído. Mas Eric Keshin ainda tinha algumas palavras de motivação para mim, faltando apenas alguns minutos para o início da reunião. "Não me importa quão confiante você se sinta quando essa reunião terminar", sussurrou em meu ouvido. "Peça a maldita conta."

Então, encerrei da seguinte maneira:

"Ao longo dos últimos seis meses, já fizemos *várias* apresentações para o seu negócio, como se já não estivéssemos trabalhando para vocês, como se não tivéssemos produzido trinta comerciais de TV e duzentos anúncios impressos, sem contar os cinco comerciais de TV que temos em produção neste exato momento.

"Não nos acomodamos nem presumimos que qualquer relacionamento já existente com a Verizon Wireless nos daria uma vantagem. Na verdade, estamos provavelmente em desvantagem, porque sabíamos que alguns de vocês queriam começar do zero.

"Mas, agora que este longo processo terminou, tenho que dizer o seguinte: não existe motivo algum para tirar de nós este negócio. Aprendemos muito em um curto espaço de tempo. Sabemos que nosso trabalho para vocês nunca está concluído, que batalhas têm de ser vencidas todos os dias, e que não podemos tomar nada como certo. Nós temos vivido esta filosofia e temos o que é necessário para que isto seja um estilo de vida.

"E nunca os decepcionamos. Nunca deixamos de cumprir as tarefas com rapidez e com trabalhos criativos excepcionais. Nunca deixamos de doar a vocês 150% de nosso tempo, emoções e capacidade intelectual.

"Existe um laço unindo a McCann Erickson e a Verizon Wireless. Nós pertencemos um ao outro..."

Admito que, a essa altura, havia um pouco que emoção em minha voz trêmula. Para falar a verdade, parecia que lágrimas iriam escorrer de meus olhos a qualquer momento, mas prossegui com meu encerramento.

"Nós não queremos que tirem este negócio de nós. Nós não *merecemos* perdê-lo." Fiz uma pausa de um segundo e, então, disse: "Eu devo perguntar se vocês têm alguma pergunta. Alguma pergunta?".

John Stratton olhava para mim, torcendo com todas as forças para que eu conseguisse me conter e não chorasse na frente de seu diretor de operações e do CEO. Enquanto isso, o diretor de operações, que também pensava que eu estava prestes a pagar um mico, piscou para mim e deu um sorrisinho animador. O CEO apenas lançou a todos nós um olhar penetrante. Depois, descobri que nós o havíamos impressionado, e ele percebeu que nem sequer poderia considerar outras agências. E, com o passar do tempo, ele ficou mais e mais contente com aquela decisão.

Todos retornaram à McCann e, em minutos, era notícia em toda a agência que eu havia chorado durante a apresentação para a Verizon Wireless. Pode acreditar, se fosse necessário para conquistar aquela conta gigantesca, eu teria chorado como bebê, mas usei outras emoções que foram ainda melhores do que lágrimas. Durante aquele discurso de dois minutos, eu abandonei completamente minhas defesas e fui totalmente honesta e vulnerável na frente deles, até mesmo ao fazer uma argumentação elaborada e equilibrada sobre os motivos pelos quais eles deveriam nos dar a conta. Como diretora de criação e líder emotiva da equipe da McCann, pude mostrar como éramos pessoalmente dedicados a eles e a seu negócio.

No dia seguinte, quando nos entregaram oficialmente toda a conta de 700 milhões de dólares em gastos totais (um negócio que ainda está crescendo para nós), nosso CEO, John Dooner, me disse quão importante era aquela vitória. Se não a tivéssemos conseguido, o Interpublic Group (nossa *holding*) não apenas teria perdido todo aquele *faturamento* para a McCann, mas havia adicionais 20 milhões em faturamento (não gastos totais) que seriam perdidos em outras empresas da IPG, que também tinham grandes partes dos negócios da Verizon Wireless.

"Eu não queria pressioná-la ainda mais antes da hora", disse Dooner, sorrindo para mim. "E também não queria que você começasse a chorar no *início* da reunião."

Por mais estranho que possa parecer, eu fui uma heroína por quase perder o controle na reunião, e as pessoas ainda falam sobre isso. Mas havia uma grande diferença naquela demonstração de emoções: foi uma demonstração de paixão e comprometimento. Não de medo, raiva ou frustração.

E isso só poderia ter sido obra de uma mulher. Não há dúvidas.

Ah, mais uma coisa: dois anos depois, John Stratton foi promovido a diretor de marketing para todo o negócio da Verizon, e, seis meses depois, deu à McCann o restante de seus negócios. Mais de 1,2 bilhão em gastos totais.

Ninguém chorou naquela reunião.

6
É DIFÍCIL SEDUZIR ESTRANHOS

Em qualquer tipo de interação, seja ela hostil ou amorosa, é essencial conhecer a outra pessoa. É muito difícil e demorado seduzir alguém quando você não conhece seus pontos fracos. Se espera ter sucesso em um clube do bolinha, deve entender completamente os homens que está tentando influenciar e, eventualmente, controlar.

Maggie era uma mulher esperta que trabalhava com colegas homens que sempre a excluíam. Os homens saíam juntos e tomavam decisões de negócios enquanto bebiam, almoçavam ou jogavam bilhar. Maggie nunca sabia o que estava acontecendo. Ela podia ter resmungado e reclamado que eles não estavam trabalhando como uma equipe. Ela podia tê-los ameaçado ou ter tido explosões de raiva, mas isso somente faria que eles a excluíssem ainda mais. Em vez disso, ela descobriu uma maneira de seduzi-los e de manipular seu comportamento. "Do que os homens mais gostam?", Maggie se perguntou. Cerveja. Doces. Brinquedos. Então, ela encheu seu frigobar com cerveja, junto com sua água de grife, deixou uma grande tigela com doces sobre sua mesa e trouxe também jogos como Boggle* e damas. Não demorou muito até que os rapazes estivessem se divertindo no escritório *dela*, e, quando eles discutiam assuntos de trabalho, Maggie estava ali com eles, escutando e participando.

Outra observação óbvia: todos admiramos pessoas que se parecem conosco. E, ainda assim, muitas mulheres não entendem isso quando estão brigando com homens. Não podemos mudar

* Boggle é um jogo de palavras em que cubos de letras são lançados, como dados, para exibir letras aleatórias. Os jogadores têm três minutos para combinar as letras e formar uma palavra. (N. T.)

seu comportamento, mas podemos mudar o nosso. Ao nos tornarmos mais parecidas com eles, nós não apenas os deixamos mais à vontade conosco, como também aprendemos algumas das admiráveis habilidades masculinas que levam ao sucesso. Como os atos aleatórios de bravura, a capacidade de rir e se divertir, a vontade de receber crédito pelo que fazem e a capacidade de lutar por seus interesses. Eles também são muito mais constantes do que nós e muito mais previsíveis. Homens não são confusos – pelo menos, não uns com os outros. Eles não enviam sinais ambíguos como nós.

"Abra a porta."

"Não abra a porta."

"Eu não vou fazer sexo com você porque você comprou o jantar." Então, quando ele não faz nenhuma investida no primeiro encontro: *"Eu sei. Você simplesmente não está a fim, não é?"*

Nós dizemos aos homens como devem se comportar, mas não somos consistentes em nossas instruções:

"Seja forte."

"Seja sensível."

"Seja dominador."

"Não mande em mim."

"Esteja lá quando eu precisar de você."

"Não resolva meus problemas por mim."

O que queremos deles? Eles estão confusos. Nós somos um enigma para eles, e homens temem o desconhecido. E, quando estão com medo, não são confiantes e não ficam à vontade. Às vezes, um pouco de mistério pode trabalhar a nosso favor, mas temos que entender nosso comportamento volúvel e administrá-lo.

Por exemplo, não faz sentido iludir homens no trabalho. Seja honesta sobre o que quer deles. Diga a eles quando precisa de sua ajuda e especialmente quando não precisa. Às vezes, eles pensam que estão nos protegendo, mas será que, na verdade, não estão apenas nos atrapalhando? Eu não gosto quando homens tratam mulheres como florzinhas delicadas. Não há problema em ser vulnerável com eles, porque às vezes precisamos de sua força, mas sem sacrificar nossa independência e autossuficiência. Também fico desconfiada quando eles nos colocam em um pedestal. Eles pensam que estão nos fazendo um favor, mas você não pode colocar a mão na massa se estiver lá no alto. Você precisa estar no chão para isso. Você precisa estar no centro das coisas.

É importante ser bem clara e direta com os homens. Se você quer ser uma jogadora, tem que agir como tal e aceitar as consequências. Mais cedo ou mais tarde, se for um *ativo* para eles, eles a deixarão entrar no clube.

E este é outro ponto.

Do que os homens gostam mais do que de sexo?

Dinheiro.

Aprenda logo esta lição e não se esqueça. Se você for poderosa e trouxer dinheiro, os homens irão amá-la. Você não terá de seguir *nenhuma* regra. Nem aquelas respeitadas há tempos nem as novas, que desafiam a tradição. Você nem sequer terá que seduzir e manipular tanto assim. O dinheiro é o grande nivelador. A capacidade de fazer dinheiro em um clube do bolinha é o jeito mais rápido de se tornar membro de um, e, se você fizer dinheiro o bastante, eles até seguirão sua liderança.

Outra forma de se tornar um membro é abraçando sua filosofia. Compreenda seus trejeitos irritantes e tente achá-los adoráveis.

Enquanto mulheres costumam ser abertas a melhorias, homens veem sugestões como críticas. Se eu disser para uma mulher do departamento de criação "Sua ideia está em desacordo com a estratégia", ou ela irá examinar a estratégia para provar que sua interpretação está correta, ou voltará a seu escritório para fazer que sua ideia vá ao encontro da estratégia. Se eu fizer o mesmo comentário para um homem, ele irá desprezar minha crítica e dizer: "A *estratégia* está errada".

É um erro supor que os homens não escutam nunca. Você deve aceitar isso. Eles escutam, sim, mas seus cérebros processam o que suas mentes *querem* ouvir, e isso os torna ainda mais evasivos. Quando você diz a um homem "Isto pode ser bom em Marte, mas na Terra e no meu departamento de criação e neste negócio, simplesmente não irá funcionar", tudo o que ele escutou foi "*Isto é bom*". Um homem escuta seletivamente. Depois que entendi essa dinâmica, fiquei muito melhor em convencer homens a seguir minhas ordens no trabalho.

Sem dúvida, as mulheres com quem trabalho me irritam muito menos do que os homens. Eu uso sinais mentais com elas; nós entendemos umas às outras. Elas conseguem ler minhas linguagens facial e corporal (não importa quão sutil sejam) e escutam o que estou *realmente* dizendo, não o que pensam que eu *deveria* estar dizendo. Isso não significa que elas não lutem por aquilo em que acreditam, elas simplesmente sabem a diferença entre um "não" que é incontestável e um "não" que é negociável. Com homens, tudo é negociável, especialmente quando o chefe é uma mulher.

Eis a diferença entre duas equipes apresentando trabalhos criativos para mim. É uma competição justa. Todas essas quatro pessoas me conhecem muito bem. Conhecem os clientes e já trabalharam com o negócio do cliente no passado. Ambas as equipes estão apresentando humor inteligente, porém inapropriado.

Dois homens apresentam uma ideia: Bob e Dennis são uma equipe produtiva e inteligente, e eles são responsáveis por alguns dos trabalhos mais ousados da agência. Bob é britânico. Ele sabe que é bom, mas é um pouco arrogante. Eu digo "um pouco" porque gosto dele de verdade e constantemente faço concessões a seu comportamento difícil. Ele é um "pé no saco" muito inteligente e engraçado. Dennis é igualmente criativo, mas é confiante em silêncio. Os dois homens entram em meu escritório para mostrar uma campanha para televisão que acabaram de inventar.

Primeiro, eles brincam com tudo que está jogado na minha mesa de reunião: armas de espoleta, um cubo mágico, uma tigela cheia de doces. Então, flertam comigo, tentando decidir se estou de bom humor ou não.

"Você parece tão renovada", Bob, o britânico, diz.

"Você fez plástica no rosto no fim de semana?", Dennis pergunta.

"Calma lá, rapaz", diz o britânico. "Ela não precisa de plástica; ela tem juventude estampada em todo o rosto."

Eles tentam me adular para que eu aprove seu trabalho. Acidentalmente, ensinei a eles esse tipo de manipulação, só que eles são muito mais desajeitados e óbvios do que quando eu faço o mesmo com eles.

Eles apresentam bem suas ideias, e com entusiasmo, encenando todos os papéis e fazendo um trabalho de primeira. Normalmente, quando eles me mostram algo bom, recebem grandes sorrisos, mas desta vez recebem vários olhares de reprovação. E, então, cometo um erro fatal: não consigo me segurar, e uma risada escapa da minha boca. É um trabalho engraçado, embora totalmente inadequado ao cliente e à tarefa. Eu não deveria ter rido. A risada é mais forte que o olhar de reprovação. Tudo o que eles assimilaram agora é que seu trabalho é engraçado.

"Você não adorou?" Esta é uma pergunta retórica. Eles supõem que sim.

"Humm. Tentaram alguma outra coisa?", pergunto a eles.

"Não. Esta era nossa melhor ideia. Você não adorou?"

Agora, eu tenho uma expressão de sofrimento no rosto. Percebo que sutileza será um desperdício com eles.

"É o máximo, não é?", eles dizem, com um sorriso sarcástico.

Eis o meu problema. *É* engraçado e muito imaginativo, mas, ainda assim, errado. O cliente irá me crucificar se eu aprovar isso. Preciso decidir qual reunião desastrosa quero ter: com o cliente ou com essa equipe.

"É engraçada", eu digo, e eles ficam radiantes, "mas não é certa para este cliente."

Eles ainda só escutam "É engraçado".

"Sim, nós também adoramos. Você consegue vender a ideia para eles?" (Estão se referindo ao cliente.) Eles já estão produzindo os comerciais em suas cabeças e pensando em diretores. Não estão me escutando.

Eu tento uma tática diferente.

"Eu sei que vocês adoraram", digo, "mas não é certo. Se lembram da campanha que fizeram para esses caras no ano passado? Vocês adoraram aquela ideia também, mas não conseguimos vendê-la. Na verdade, eles ficaram bravos, e vocês voltaram ao início e fizeram outra coisa, uma coisa bem melhor... Muito melhor. E agora eles adoram vocês. Eles confiam em vocês."

"O que você está dizendo?" Eles começam a ficar incomodados.

"Estou dizendo que isso não vai funcionar. Não é certo, é inadequado para a marca e, verdade seja dita", estou sussurrando agora, "nem está de acordo com a estratégia. Não pode ser a única campanha que vamos mostrar a eles. Façam outra coisa, porque esses clientes, que neste momento pensam que somos muito inteligentes, vão pensar que *ficamos loucos*."

"Então você não vai nem *tentar* vender a ideia?" Seus lábios se contorcem no que parece uma reclamação ou uma lamúria.

A essa altura, eu preferiria me ajoelhar no milho a apresentar sua ideia ao meu cliente, mas, em vez disso, digo *gentilmente* e com o máximo de simpatia possível, porque agora estou ficando cansada, "Seria um erro".

Eles explodem. "Esse é o problema com esta agência. Ninguém apoia um trabalho revolucionário. Este lugar *é uma droga*. O cliente *é uma droga*."

O que eles querem dizer é que eu sou uma droga, mas, milagrosamente, encontram um pouco de bom senso escondido bem no meio de seus cérebros e entendem que já me pressionaram o bastante. Se eles não fossem profissionais de criação tão bons, se não cumprissem sempre suas obrigações, se não tivessem soluções milagrosas, se eu não tivesse muito carinho por eles em circunstâncias normais, eu atiraria neles agora. Mas, em vez disso, lanço mão de meu último recurso: psicologia infantil.

"Foi exatamente isso que vocês disseram da última vez", digo a eles, "e depois fizeram algo melhor, algo brilhante, algo que eles aprovaram, que vocês produziram e colocaram no portfólio. Por que não podem fazer algo assim novamente? Algo que é divertido e encantador e *apropriado para a marca?*"

"O que você está dizendo, então?"

Eu pego meu porrete imaginário e acerto-lhes a cabeça.

"O que estou dizendo é que vocês têm que sair do meu escritório bufando de raiva, bater suas portas, me xingar pela covarde que eu sou, e então fazer outra coisa. Ah, e não usem algo que estava jogado nas suas lixeiras. O trabalho tem que ser *bom*, além de ser apropriado."

O resultado: apresentação do trabalho, dez minutos. Reprová-lo, trinta minutos.

Bob e Dennis saem bufando, e eu ouço uma porta batendo no fim do corredor. Dois dias depois, eles voltam com uma campanha brilhante que até *eles* percebem ser melhor que sua primeira ideia "revolucionária". Mas eu volto atrás e os deixo apresentar as duas ideias para o cliente, porque tenho que deixá-los descobrir por conta própria que eu estava certa. Os clientes riem com a primeira campanha, mas aprovam a segunda, e todos ficam caidinhos por Bob e Dennis, derramando-se em elogios e admiração. Eles são heróis. Os dois partem para o Rio para filmar por duas semanas.

Certo, agora duas mulheres apresentam uma ideia: Linda e Lulu trabalham na agência há vários anos e têm fama de sempre acertar em cheio. Elas são a equipe à qual recorremos sempre que precisamos rapidamente de uma ideia grande e esperta, e raramente decepcionam. As duas mulheres entram em meu escritório para mostrar seu trabalho criativo. Passamos alguns minutos falando sobre coisas importantes como cabelo, maquiagem, relacionamentos e o eterno encanto de George Clooney. Então, elas apresentam sua ideia, e são encantadoras e engraçadas. Eu rio com elas e sorrio, mas quando elas terminam, faço uma leve cara de reprovação.

"Você odiou", elas dizem, imediatamente.

"Não odiei", digo. "É o máximo, mas simplesmente não é apropriada para a marca."

Elas estão decepcionadas. "Certo. Você não acha que podemos deixá-lo mais leve?"

Sinto pena delas. Elas gostam mesmo do trabalho, mas tenho que ser honesta: "Se mudarem o tom, o comercial perde a graça. E, ainda assim, fugiria à estratégia."

Elas parecem muito tristes. Eu digo que não se sintam derrotadas, que a ideia foi ótima, realmente maravilhosa, e que elas são uma equipe inteligente e engraçada. Garanto a elas que farão outra coisa ainda melhor. Sem dúvida.

Elas pensam um pouco e dizem: "Certo. Voltaremos."

Enquanto a diretora de arte sai, eu digo de maneira encorajadora: *"Adorei seus sapatos."*

Elas saem arrasadas, mas já falando sobre outra coisa que poderiam tentar.

O resultado: apresentação do trabalho, dez minutos. Reprová-lo, cinco minutos.

Em dois dias, as mulheres voltam com uma campanha certeira. O cliente, autodiagnosticado como "difícil", apaixona-se por elas, derramando-se em elogios e admiração. Elas são heroínas. As duas partem para Viena para filmar por duas semanas.

Armas que desarmam

Uma das grandes ferramentas, ou armas, que temos como mulheres é o flerte, e homens sempre reagem bem a atenção positiva. Se você sabe que terá uma reunião difícil com um homem, pode dissipar sua raiva antes mesmo de ele abrir a boca. A menos que ele seja um obeso mórbido, não há homem na Terra que não irá estufar o peito depois de ouvir:

"Uau, você está ótimo. Está malhando?"

Eu sei, eu sei, é óbvio e dissimulado, mas *sempre* funciona.

Outra maneira de desarmar é usando um humor inesperado, mas você precisa mesmo conhecer bem a pessoa para que funcione.

Irwin Warren era um dos nossos quatro diretores-executivos de criação que respondiam diretamente a mim como chefe do departamento de criação da McCann. Ele próprio admitia que dava trabalho. Irwin tinha pedido para se encontrar comigo porque estava furioso com alguma coisa. Irwin descarregou sua raiva e frustração em relação ao problema daquele dia durante 15 minutos. Eu observei atentamente enquanto ele debatia os braços, resmungando e esbravejando. Quando terminou, coloquei minha mão em seu joelho e me inclinei em sua direção, olhando para seus cabelos ondulados e brancos como a neve.

"Sabe", eu disse, "se você aplicasse uma tintura loira nos seus cabelos, ficaria *ótimo*." Ele parou por um momento e lançou um olhar fulminante. E, então, morreu de rir.

Se fosse o contrário – se eu estivesse desabafando para ele por 15 minutos, enquanto ele olhasse para mim como se estivesse prestando atenção em cada palavra que eu dizia, e depois dissesse que meu cabelo fica melhor alisado do que encaracolado –, eu o teria matado. Mas, como eu fiz isso, peguei-o desprevenido. Eu sempre demonstrei simpatia por seus ataques de fúria no passado, e ele não esperava que eu puxasse seu tapete. Irwin ainda conta essa história e ainda ri dela.

Para mim, homens sempre deram mais trabalho do que mulheres. Eu sei que homens acreditam no oposto, mas estão errados. Homens dão trabalho. Por exemplo, leva-se mais tempo para impressionar homens do que mulheres. Seria muito mais rápido se eu não me preocupasse em não ferir seu orgulho masculino, mas eu sempre me preocupo com isso. E sempre incentivo outras mulheres a também se preocuparem com isso. Não há nada mais perigoso do que um touro ferido, principalmente se foi você quem o fez sangrar.

A lição óbvia aqui é que homens são difíceis de orientar. Está em seu DNA. Eles não gostam de ser corrigidos, porque é duro para eles admitir que estão errados. É por isso também que não gostam de receber conselhos. Eles não precisam de seu conselho idiota. Não importa se o seu trabalho é administrá-los como chefe ou como igual, você precisa encontrar maneiras de orientá-los e dar-lhes conselhos de uma forma que será aceita. Em última análise, sedução e manipulação podem funcionar, mas não são suficientes. Também precisamos de paciência e compreensão para quando se comportam mal e precisamos demonstrar respeito por eles quando se comportam de forma admirável.

Homens têm muitos traços louváveis que são dignos de compreensão e até de estímulo. Por exemplo, homens têm determinação. Determinação é uma coisa boa. Percebi isso em todas as empresas onde trabalhei, não só nos clubes do bolinha. Os homens tomavam decisões radicais e, às vezes, cometiam erros *enormes*, mas conseguiam dar a volta por cima, e mesmo quando não conseguiam, ainda assim sobreviviam e até prosperavam. Por quê? Porque homens admiram quem está disposto a correr riscos e perdoam uns aos outros quando uma jogada arriscada falha. Quanto maior o risco, mais macho um homem é... Para outro homem.

Pessoas de alto risco e altas recompensas são aquelas que constroem empresas e fazem alguma diferença no mundo. Jogar do jeito mais seguro nunca ajudou a vencer uma guerra. Também conheço muitas mulheres que têm esse tipo de determinação. Algumas delas são até confiantes o bastante para deixar essa determinação ser vista. Essas são as mulheres que obtêm êxito nos clubes do bolinha. Seja uma delas.

7

PESO É ÓTIMO. CONSIGA. USE.

Peso é uma arma poderosa em nosso arsenal. Se ao menos a usássemos melhor! Pode-se definir como "influência ou poder", mas na verdade é as duas coisas. Peso é um resultado bem merecido de talento, bom discernimento e trabalho duro. É também a arma usada de maneira mais equivocada e a mais incompreendida. Não somos astutas, e, por mais que tente, não consigo entender o porquê. Somos muito íntegras? Nosso rígido senso de jogo limpo atrapalha quando jogamos em clubes do bolinha? Somos espertas, talentosas, determinadas e excepcionais de várias maneiras, mas, se quisermos continuar subindo na escada corporativa, precisamos de peso e conhecer como usá-lo com as pessoas de vez em quando, só para elas saberem que estamos por perto.

Em março de 2007, três das mais altas executivas da McCann estavam presas em São Paulo, Brasil, durante uma greve de controladores de tráfego aéreo. Elas eram Carol Smith, diretora mundial de contas da Johnson & Johnson, Devika Bulchandani, diretora de planejamento estratégico de Nova York, e eu, *chairman* de Nova York. Tínhamos ido ao aeroporto para um voo noturno de volta ao JFK, mas fomos informadas, trinta minutos antes de embarcar, de que todos os voos tinham sido cancelados. Todos os controladores de tráfego aéreo estavam em greve. A companhia aérea garantiu às centenas de pessoas que agora estavam presas que poderíamos pegar nossa bagagem de volta e que nos ajudaria a encontrar um hotel.

A primeira coisa de que deverá se lembrar quando estiver presa em algum lugar é: nunca deixe sua sorte nas mãos de funcionários. Quando eu estava dormindo no táxi a caminho do aeroporto e Carol estava ao telefone, Devika estava olhando pela janela e havia notado um Hotel Marriott em Guarulhos. Quando nosso voo foi cancelado, ela ligou imediatamente para seu marido, Ash, em Manhattan, e pediu que ele ligasse diretamente para o Marriott e reservasse três quartos para nós antes que centenas de pessoas tivessem a mesma ideia. Pegamos nossas bagagens e fizemos o *check in* no Marriott uma hora depois do cancelamento do nosso voo. Também confirmamos nossas reservas para o mesmo voo da noite seguinte. Depois, bebemos um vinho, brindamos à nossa capacidade de lidar com situações adversas e tivemos uma ótima noite de sono.

No dia seguinte, começamos a ouvir rumores de que a greve dos controladores continuaria até o sábado à noite e talvez até por mais tempo. Decidimos que aquela era a hora certa para entrar em pânico. Devika tinha uma apresentação marcada para segunda-feira e precisava estar no escritório no domingo. E Carol e eu não estávamos a fim de continuar no Marriott de Guarulhos – por mais agradável que fosse – indefinidamente.

"Vamos enviar um *e-mail* para Michael Roth", sugeri. Michael Roth é o CEO da IPG, a *holding* que controla a McCann e centenas de outras empresas de comunicação ao redor do mundo. Ele é, provavelmente, um dos cinco homens mais poderosos no ramo da publicidade e comunicação. Não há muitas pessoas que enviam um *e-mail* pessoal a Michael Roth, principalmente num fim de semana.

"Ele não vai ver seu *e-mail* antes de segunda, quando sua assistente o imprime e deixa em sua mesa", Devika e Carol me garantiram.

Mas eu discordei. Eu conhecia Michael. Ele tinha um aparelho do tipo BlackBerry.

Se visse uma mensagem minha num sábado de manhã, ficaria curioso o bastante para lê-la. Além disso, eu não mandava *e-mails* para ele com tanta frequência, apenas quando havia algo urgente de verdade na minha cabeça, como ficar presa no Brasil durante uma greve de controladores de tráfego aéreo. Também sabia que ele era sensível a questões de diversidade em nosso ramo. Como mulheres em altos cargos eram uma minoria tão importante quanto pessoas negras, tinha certeza de que conseguiria sua atenção.

Então, enviei o seguinte *e-mail* e copiei o CEO da McCann (John Dooner), o diretor operacional (Eric Keshin) e o presidente de Nova York (Brett Gosper).

De: DiSesa, Nina
Para: Roth, Michael
Cc: Dooner, John; Keshin, Eric; Gosper, Brett
Enviado: Sáb 31 de Mar 10:34:36 2007
Assunto: Presa no Brasil

Caro Michael,
Estou presa no Brasil com Devika Bulchandani e Carol Smith por causa de uma greve de controladores de tráfego aéreo. Devika tem de apresentar uma proposta na segunda, e Carol e eu precisamos de manicures desesperadamente. A IPG poderia, de alguma forma, resgatar três donzelas em perigo? Com certeza, deve haver algo que você possa fazer para nos ajudar. Estamos em um Marriott no aeroporto de Guarulhos (pelo amor de Deus!), e temos sorte de ter quartos. Infelizmente, não estamos bêbadas, mas estamos desesperadas. Você não tem tantas mulheres assim a ponto de se arriscar a nos perder. Na última vez em que isso aconteceu, as pessoas ficaram presas aqui por DOZE DIAS. Escreva logo.
Nina

Adivinhe quem respondeu meu *e-mail* em cinco minutos? Michael Roth. Depois de uma hora, os mais altos executivos da IPG estavam tentando encontrar uma solução. No sábado à tarde, eles decidiram que, se a greve prosseguisse noite adentro, um jato particular nos buscaria e levaria para casa – embora eles não soubessem como um jatinho poderia decolar se o aeroporto estivesse fechado. Garanti a eles que tínhamos visto pequenos jatos decolando pela manhã, mas isso não importava. Não havia lugar para pensamento racional; esta era uma situação emocional. Não importava para nós se eles *podiam* ou não nos resgatar. O importante era que eles *queriam* nos resgatar e agiram com rapidez. Estávamos felizes.

No sábado à noite, o aeroporto abriu, e partimos do Brasil para Nova York no voo previamente reservado. Carol, Devika e eu nos sentimos aliviadas porque a IPG havia demonstrado disposição de vir em nosso socorro, e os homens na IPG se sentiram bem porque estavam prontos para nos resgatar. Foi bom para todos.

Mas você não precisa ser a *chairman* de uma empresa para ter influência. Qualquer um pode ter peso se souber onde encontrá-lo. Veja o caso do jovem Harold.

Harold: garoto prodígio

O jovem Harold era assistente pessoal (também conhecido como secretário) de um famoso diretor de comerciais em uma prestigiosa produtora. Ele nunca estudou psicologia, até onde eu sei, mas era genial em avaliar a natureza humana. Num ambiente criativo como a produção de um filme, seu cargo ficava tradicionalmente na base da cadeia alimentar, mas ninguém se lembrou de mencionar isso a Harold. Ele era um sujeito afável, interessado e com olhos brilhantes, e todos gostavam dele ao primeiro contato. Mas isso não era suficiente para ele.

Harold queria poder e sabia como chegar lá. Fez isso de duas formas.

Primeiro, dedicou-se a entender a produção de um filme, apenas o suficiente para se antecipar às necessidades do diretor. Em segundo lugar, ele tinha uma percepção brilhante e descobriu que havia muitos trabalhos entediantes, mas importantes, que ninguém queria fazer. Então, ele foi lá e fez. Harold era perspicaz.

Toda vez que algo tinha que ser feito, Harold estava lá, seja na execução ou assegurando a todos de que já havia cuidado do assunto. Isso incluía tarefas normais, como agendar reuniões com pessoas que não queriam reuniões e levar as roupas de todos para lavagem a seco (não somente as de seu chefe). Também incluía tarefas de gênio, como consertar as copiadoras quando o papel ficava preso e resolver os misteriosos problemas de computador que surgiam regularmente. Todos na empresa estavam certos de que, se Harold estivesse no prédio, não precisariam se preocupar com nada.

Depois que completou um ou dois anos na produtora, ninguém sabia fazer mais nada. Todos os outros diretores da empresa e todos os produtores eram totalmente dependentes de Harold para as coisas simples que faziam suas vidas valerem a pena. Ele fazia que entregassem em cinco minutos o melhor café com bolinho e creme e sabia operar os complicados e modernos equipamentos de vídeo da sala de reuniões. (Na McCann, as pessoas que cuidam dos nossos equipamentos de vídeo são deuses.) Harold conhecia os melhores hotéis em Nova York e o *concierge-chefe* de cada um deles, e conseguia quartos para as pessoas quando os hotéis estavam lotados. Também conseguia reservas nos melhores restaurantes em Nova York, Los Angeles, Londres e Mumbai, porque conhecia todos os *maîtres* e mantinha contato com eles por *e-mail*. Harold conseguia uma mesa no Nobu, poxa vida. O garoto era poderoso.

Sempre que algo precisava ser feito, as pessoas respondiam:

"Chame o Harold!"

E a resposta unanimemente preferida de todos:

"Harold já fez."

Um dia, o presidente da produtora bateu com a mão na mesa durante uma reunião e mostrou como estava desinformado em relação à própria empresa ao perguntar:

"Quem diabos é Harold?"

Harold tinha um escritório com uma janela e nunca precisou pedir aumento. Nos finais de ano, era ele que ganhava mais presentes de colegas de trabalho, vendedores e clientes para quem o rapaz havia "quebrado um galho" algumas vezes. Quando o chefe de Harold deixou a empresa, levou o funcionário junto. Foi uma luta. Embora ninguém lamentasse a perda do diretor, todos morriam de medo de ficar sem Harold. Ele tinha se tornado indispensável para a empresa, embora não tivesse concluído sequer o ensino médio.

Isto, sim, é peso.

Então, como você o obtém? Pode acreditar, há muitas oportunidades que ninguém aproveita. Mantenha olhos e mente abertos.

Se vir uma oportunidade de brilhar, agarre-a – especialmente se ninguém mais estiver tentando agarrá-la. Tive meu primeiro empurrão com macarrão, ervilhas e picolés.

Macarrão: Quando cheguei à Young & Rubicam, meu primeiro emprego em uma grande agência de publicidade de Nova York, minha primeira tarefa foi para o macarrão enlatado Chef Boyardee. Aparentemente, todos os profissionais de criação iniciantes que chegavam à Y&R ficavam com o Chef Boyardee. Ou era um rito de passagem ou um batismo de fogo, dependendo do seu sucesso. Ao longo dos anos, a marca se tornou mais relevante, com o lançamento de novos produtos, mas, quando eu estava trabalhando nela, era difícil de promovê-la. Era difícil para uma ítalo-americana como eu ser sincera a respeito das "qualidades" de espaguete enlatado. Eu nem sabia que existia espaguete enlatado. Pelo menos, não na minha casa. O que tornava essa tarefa ainda mais difícil era o fato de o sucesso ser medido pelos resultados dos testes com consumidores. Eu nem sequer tinha ouvido falar da noção de testar trabalhos criativos antes que fossem ao ar. É um fenômeno que acontece em grandes agências, porque grandes agências têm grandes clientes, que esperam grandes resultados.

O motivo pelo qual testamos comerciais de produtos direcionados às massas são os custos de mídia. Uma marca grande como a Chef Boyardee pode ter uma verba anual de mídia entre 20 milhões e 100 milhões de dólares ou mais, e a maior parte desse dinheiro ainda é gasto com TV e mídia impressa. Some os custos de produção desses comerciais de TV, e você tem um investimento financeiro considerável. Clientes, naturalmente, querem ter certeza de que um comercial será eficiente antes de gastar seu dinheiro. Então, fazem testes. A agência cria um "esboço" de comercial, com desenhos animados e uma trilha sonora que se aproximem o máximo possível do produto final. Depois, nós o exibimos para um público-alvo a fim de saber se foi notado, lembrado, apreciado e se o comercial tornou o produto desejável o suficiente para ser comprado.

Clientes com produtos direcionados às massas confiam demais nesses testes, mas profissionais de criação os odeiam. Testes podem ser o maior obstáculo para a produção de ideias verdadeiramente únicas, porque talvez elas tenham que ser vistas mais de uma vez para repercutir. E é só com isso que nos importamos enquanto redatores e diretores de arte: produzir comerciais para o nosso portfólio, para ganhar prêmios ou conseguir o próximo grande emprego, e, eventualmente, nos tornarmos diretores de criação. Isso não muda até nos *tornarmos* realmente diretores de criação e carregarmos a responsabilidade dos resultados de nossos clientes. E, honestamente, para alguns diretores de criação, isso não muda nem assim.

O Chef Boyardee vinha sendo um desafio para a Y&R havia algum tempo, mesmo antes de eu chegar. Acho que todos na Y&R acreditavam que, se colocassem um número suficiente de pessoas numa tarefa difícil, algum dia alguém decifraria o código. Nenhum de nós achava ruim, porque se nós decifrássemos o segredo, *seríamos heróis*, e heróis têm peso.

Depois de várias semanas trabalhando nessa missão, finalmente escrevi um comercial que os clientes aprovaram, e ele foi para a fase de testes. Quando chegaram os resultados, o diretor de criação associado entrou em meu escritório com uma notícia surpreendente.

"Parabéns", ele disse, com um grande sorriso. "Seu comercial para o Chef Boyardee obteve a maior pontuação para 'memória' dentre todos os comerciais de TV que eles já testaram."

"Não brinca!"

"Sim", ele disse, rindo. "Mais de 96% das pessoas que o viram se lembraram dele."

"AIMEUDEUS. Quando começamos a produção?", perguntei, sonhando com minha primeira viagem a Los Angeles. Los Angeles, a cobiçada e glamorosa locação de produção para todos nos anos 1980. (Isso foi antes de eu descobrir que não ficava bonita em Los Angeles.) A Y&R era praticamente *dona* do famoso Beverly Hills Hotel. Em minhas primeiras semanas na agência, tinha escutado histórias sobre como o pessoal de criação e os produtores frequentavam o restaurante do hotel, The Polo

Lounge, e interagiam com a elite de Hollywood. Como aproveitavam as folgas na famosa piscina do hotel, onde um grande sueco chamado Sven os paparicava com drinques e toalhas limpas.

Tudo ficou um pouco fora de foco e eu comecei a ficar ofegante, até que o diretor de criação me trouxe de volta à realidade.

"Não faça as malas", ele disse. Agora, ele estava tremendo de medo antes de fazer a revelação.

Além da pontuação de 96,4% para "memória", meu comercial também havia obtido a maior pontuação de rejeição.

"Rejeição?" Não entendi.

"O motivo para a pontuação tão alta para 'memória'", o diretor de criação explicou, "é que todos que viram o comercial o odiaram e abominaram".

"Todos?"

"Bem, 94% dos 96% que se lembraram dele. Mas meus parabéns. Ninguém jamais obteve uma taxa de rejeição tão grande também. Você quebrou dois recordes."

"Isto significa que não iremos produzi-lo?" O que havia de tão especial na taxa de aprovação? Eu *odiava* a maioria dos comerciais que via na TV.

O diretor de criação saiu do meu escritório rindo histericamente.

O único consolo nessa história é que meu cérebro ficou com pena de mim, e hoje eu nem sequer consigo me lembrar do que tratava o comercial. Eu sei que havia muita repetição. Foi isso que tornou o comercial tão memorável. E tão irritante também.

Durante uma ou duas semanas, fiquei famosa no departamento de criação por causa daquele surpreendente e humilhante teste. Não era a fama que eu esperava, mas, por um breve e reluzente momento, parecia que eu havia chegado lá. Parecia que, em apenas cinco semanas, eu havia feito algo que nenhuma outra pessoa na Y&R tinha conseguido em *dois* anos.

Ervilhas: trabalhei mais alguns meses no espaguete enlatado, então um dia uma pessoa surgiu em minha vida e salvou minha sanidade. Michael Hampton, outro diretor de criação associado de meu grupo, tinha ouvido falar da história de meu "sucesso" com o Chef Boyardee. (Até mesmo um fracasso estrondoso pode servir para alguma coisa, já que ser infame é quase tão bom como ser famoso.) Ele precisava desesperadamente de ajuda com as ervilhas congeladas Birds Eye. Todos os comerciais de rádio para o produto tinham sido cancelados, e ele precisava de uma nova campanha em dois dias. Ele provavelmente deduziu que, dado o resultado infeliz do incidente Chef Boyardee, eu estava com tempo de sobra.

Escrevi uma divertida campanha sobre pessoas chamadas "Os Inimigos dos Produtos Frescos". Eles tinham horror a tudo que fosse fresco e odiavam principalmente *ervilhas* frescas. ("Tanto trabalho", queixavam-se sobre o processo de descascar. "E para quê? Uma *ervilhazinha* de nada?") Os Inimigos dos Produtos Frescos só queriam vegetais congelados. Num comercial, as pessoas começavam uma briga por causa das ervilhas congeladas Birds Eye, porque elas pareciam frescas *demais*. "Vocês estão trapaceando?" eles perguntavam, e a confusão começava. Por uns 15 segundos não havia diálogos, apenas efeitos sonoros de briga e gemidos. Era bobo mas divertido, e os clientes gostaram. E, como todo o humor estava focado no produto, a campanha se saiu muito bem nos testes, e depois disso os clientes a *amaram*.

Esta foi minha primeira lição sobre como vencer no jogo dos testes. Na verdade, era fácil. Certifique-se de que a surpresa e o humor estejam focados no produto, porque, quando as pessoas se lembrarem da piada, elas se lembrarão do produto. Parece óbvio, mas ainda há pessoas de criação que não entendem a lógica, mesmo quando lhes conto o segredo. Elas fracassam nos testes, e depois reclamam que os testes arruínam um trabalho bom. Pouquíssimas vezes esses testes arruinaram meu trabalho, e, ao longo de minha carreira, fiquei muito boa em obter pontuações altas para os clientes que me deixavam usar humor.

Após o sucesso dos comerciais de rádio da Birds Eye, a agência toda sabia que alguém "do sul" (eles se lembraram de Richmond e se esqueceram de que eu vim do Brooklyn) havia escrito e *vendido* uma divertida campanha de rádio para *ervilhas congeladas*.

De repente, eu não estava mais perdida no mar de 1.200 funcionários da Y&R.

Picolés: Michael Hampton tinha acabado de vender um comercial de TV que era uma grande extravagância musical, para apresentar um novo produto da General Foods chamado Picolés de Gelatina Jell-O. Eu não entendia muito de comerciais de TV na época, mas até aos meus olhos aquilo parecia uma catástrofe. Havia cenas desconexas (aquelas malditas vinhetas) de várias pessoas chupando Picolés de Gelatina Jell-O na praia e cantando as qualidades que tornavam esse produto desejável: refrescante, fresco, com gosto de fruta. AAAAAAHHHHH! Era horrível.

Para o espanto de Michael, esse comercial tinha obtido a melhor pontuação entre as ideias que ele havia apresentado (ninguém conseguia entender o porquê), e ele teria de produzi-lo. Ele me pediu para ajudá-lo na gravação, porque o cara que havia escrito o maldito comercial teve o bom senso de pedir demissão. Esta foi minha primeira viagem a Los Angeles – O Grande Momento –, e eu era a redatora substituta de um comercial que jamais teria criado, nem em um milhão de anos. Mesmo naquela época, eu não fazia *jingles* e odiava vinhetas.

Para piorar ainda mais as coisas, se é que isso era possível, tivemos que filmar em dezembro. Embora fosse Los Angeles, estava um frio de congelar na praia. As garotas em roupas de banho tremiam. Então, para os *close-ups*, tínhamos que colocar aquecedores por toda parte. E, como havia vários, todos tropeçavam neles, e eles quebravam.

Mas esta é, sem dúvidas, a pior parte da história: por algum motivo, a *versão final* do comercial não se saiu tão bem nos testes como a versão com desenhos animados. Isso prova que, se uma ideia não é boa, pessoas unidimensionais são mais interessantes do que seres humanos de verdade. O cliente ficou chocado e confuso. Assim como Michael e eu, passou a odiar o comercial. Agora, não tínhamos tempo. O produto deveria ser distribuído em março, e não tínhamos nenhum tipo de publicidade para apresentá-lo. Algo teria que ir ao ar em 1º de março, e estávamos no final de janeiro.

Michael estava sob pressão para ter uma grande ideia, e rápido. Ele achava que tinha uma, mas precisava de um bom redator para torná-la realidade. Eu acabei sendo a tal escritora. A ideia era recriar o seriado *Os Batutinhas* e usar nossas versões de Alfalfa, Buckwheat, Daria, Spanky, Froggy e Pete, o cachorro, para vender os novos picolés. A ideia era arriscada. Se os comerciais fossem bem escritos e o elenco, bem escolhido, e se fossem dirigidos impecavelmente, poderiam se transformar numa campanha famosa. Uma escorregada e pagaríamos outro mico. O que me deu coragem foi o fato de saber escrever textos fofos para crianças, e eu tinha confiança total nas habilidades de produtor de Michael e em seu gosto como diretor de arte.

"Os Batutinhas" foi minha primeira investida no poder do "fofo". Tínhamos cinco crianças de seis anos e um cachorro. E estávamos conversando com mamães. Isso é quase trapacear. Que mãe resistiria a uma gangue de crianças adoráveis que está descobrindo Picolés de Gelatina Jell-O e inventando maneiras travessas de vendê-los? Eles estavam sempre se metendo em confusões com outro personagem, o Homem da Vendinha, que queria vender os picolés em sua loja. Naturalmente, ele ficou irritado com o plano dos Batutinhas de vender Picolés de Gelatina Jell-O na rua. Não importava o fato de que as crianças comiam mais picolés do que vendiam; eles ainda irritavam o Homem da Vendinha. Ele estava sempre perseguindo as crianças, e elas sempre encontravam maneiras engenhosas de enganá-lo e armavam suas tendas quando ele não estava olhando.

A campanha foi bastante eficaz e ficou no ar por muitos anos. Venceu prêmios de criação e um prêmio de marketing bastante importante chamado Gold Effie. Como Michael era o diretor de criação associado, recebeu a maior parte do crédito pelo sucesso – merecido –, mas eu também consegui algum poder com esse trabalho. Não muito, mas o suficiente na época. Abriu caminho para outra grande oportunidade na Y&R.

Logo após o sucesso com "Os Batutinhas", a agência se reorganizou e eu fui realocada para outro grupo. Foi aí que eu trabalhei pela primeira vez com John Nieman, um homem que se tornaria um de meus melhores amigos, pessoal e profissionalmente. John era o queridinho do departamento de criação da Y&R e foi uma grande vitória ser escolhida para trabalhar em seu grupo. (Creio que posso agradecer a ervilhas e picolés pela oportunidade.) Foi John que me colocou ao lado de Frank "O Louco" Costantini, uma estrela ascendente no departamento de criação e meu inimigo até aprendermos a amar um ao outro.

Após o triunfo com Cheetos, Frank e eu nos tornamos uma das equipes quentes de criação da Y&R, e estávamos ficando conhecidos por sermos divertidos e rápidos. Além das tarefas regulares, éramos constantemente emprestados para "salvar o dia" em outras contas. As pessoas nos davam uma tarefa na sexta e começavam a procurar emprego na segunda. Eles jogavam com nosso ego usando uma de minhas próprias técnicas de S&M, dizendo coisas como "Se vocês não conseguirem resolverem este problema em dois dias, ninguém conseguirá".

Qualquer pessoa normal conseguia enxergar que isso era, na verdade, manipulação grosseira. Como manipuladora habilidosa, eu sabia o que eles estavam planejando. Já é bastante difícil resolver um problema criativo em dois dias quando você conhece o negócio e o cliente. Quando você é contratado como pistoleiro, é quase impossível sair correndo e ainda querer acertar o alvo. Frank, no entanto, adorava esse tipo de massagem no ego.

Nem mesmo eu conseguia resistir a esse tipo de exploração, e Frank e eu sempre mordíamos a isca. Às vezes acertávamos em cheio, e às vezes fracassávamos, mas ninguém parecia se lembrar dos fracassos. Contanto que as ideias fossem inteligentes, o fato de elas serem aprovadas ou não parecia não ter importância. A Y&R era assim na época.

Durante nossa breve parceria, Frank e eu nos tornamos uma equipe tremendamente requisitada. Vendíamos e produzíamos uma média de 15 comerciais de TV por ano. Era um número respeitável para uma única equipe de criação. Consequentemente, estávamos sempre filmando. Frank praticamente morava em Los Angeles, preparando e gravando nossos comerciais de TV. Eu sempre viajava para ficar o menor tempo possível. Los Angeles era ensolarada, agradável demais para o meu gosto e muito desencanada. E todos dirigiam carrões conversíveis vermelhos. Nada a ver com Nova York.

Durante aqueles anos altamente produtivos, a agência me promoveu de redatora a redatora sênior, e depois a supervisora de criação. Mas meu objetivo final era ser a primeira mulher a ocupar o cargo de diretora de criação na Y&R, e para chegar lá eu precisava gerar dinheiro para a empresa. A única maneira de fazer isso era cuidando sozinha de um negócio como diretora de criação associada. Então, tomei a decisão de fazer algo precipitado. Decidi me manifestar.

Disse a John Nieman que minha ambição era me tornar diretora de criação de grupo em três anos. Depois, dei a ele um ultimato cordial porém vago: se a agência não planejasse minha carreira, eu teria que planejá-la sozinha. E, se isso acontecesse, meu caminho profissional talvez não ficasse restrito à Y&R.

Eu nunca tinha feito nada parecido antes, mas aquela reunião foi um divisor de águas para mim. Foi a primeira vez em que eu pedi alguma coisa numa firma, de maneira direta. Foi, definitivamente, um encontro entre Nieman e meu homem interior. Lembro-me de como ele ficou surpreso ao ter essa conversa comigo. Quase atordoado. Mas parte de minha coragem veio da confiança. Nieman gostava de mim, e como o trabalho que Frank e eu fazíamos era sempre incluído no portfólio da empresa, tinha esperança de que ele não quisesse me perder.

Pouco tempo depois daquela conversa, minha oportunidade surgiu. O negócio da Kentucky Fried Chicken estava "de sobreaviso". Isso significava que as vendas estavam caindo, as franquias estavam furiosas, e nossa agência precisava resolver o problema rapidamente. Nieman fez uma oferta que eu não podia recusar, embora isso me deixasse morrendo de medo. Ele disse que, se eu salvasse a conta da KFC, ele me tornaria diretora de criação associada e eu poderia comandar o negócio. Ele me deu noventa dias para resolver o problema.

Como diretora de criação associada "interina", designei várias equipes para a missão KFC e orientei o processo criativo supervisionando o trabalho, ideias de *brainstorming* e atuando sobre o trabalho de outros (ajudando boas ideias a se tornarem melhores). Isso é o que se espera de um diretor de criação. Era o que eu tinha aprendido com Michael Hampton e outros bons diretores de criação. Durante seis semanas, apresentei um total de dez campanhas para a KFC. Algumas delas eram mesmo muito boas, mas os clientes não aprovaram nada e meu tempo estava acabando. Não tinha escolha. Eu mesma teria que colocar a mão na massa e competir justamente com as pessoas que estavam trabalhando *para* mim.

Essa é uma estratégia que só deve ser usada em último caso. Bons diretores de criação, como todos os bons líderes, não deveriam competir com as pessoas que trabalham para eles. Se isso acontecer com frequência, seremos violentamente criticados, e se adquirirmos a reputação de apenas vender nosso próprio trabalho ou de ficar com o crédito pelas ideias de outras pessoas, as estrelas da agência logo se recusarão a trabalhar para nós. Se isso acontecer, não conseguiremos ter sucesso. Mas eu havia protegido, ajudado e colaborado por muito tempo. Estava em cima da hora e eu tinha que assumir o comando, mostrar determinação e assumir riscos. Em outras palavras, tinha que agir como um homem.

Para isso, no entanto, eu precisava do meu velho parceiro. Infelizmente, enquanto eu estava fora sendo diretora de criação, Frank havia se juntado a outro parceiro e não tinha tempo ou motivação para me ajudar a resolver o problema da KFC. Ninguém o deixaria ser diretor de criação associado. Tive que recorrer a seus sentimentos por mim e a sua enorme necessidade de ter *status* de herói. Nunca superamos essa necessidade, graças a Deus.

Eu o convenci a me ajudar dizendo que ele era tão bom que provavelmente conseguiríamos resolver o problema no fim de semana (orgulho masculino), e que, se conseguíssemos mesmo resolver o problema, teríamos *status* de herói como nunca (ego masculino). Reservei um quarto num belo hotel e disse a Frank que ele poderia pedir o que quisesse do serviço de quarto (ele adorava serviço de quarto), mas que não poderíamos dormir até termos a Grande Ideia.

Nosso fim de semana no hotel compensou. Em dois dias, criamos a campanha para a KFC que causaria uma reviravolta em seus negócios. Estes eram os problemas e a nossa solução:

O McDonald's tinha acabado de lançar o Chicken McNuggets, que se tornou o pior pesadelo da KFC: bater de frente com os Arcos Dourados. O Chicken McNuggets deveria competir de forma justa com a KFC, e, pela primeira vez, a empresa que "fazia frango do jeito certo" estava preocupada. O McDonald's estava avançando sobre território da KFC. Não era somente irritante para a empresa, era também constrangedor, porque o McDonald's havia derrotado a KFC e lançado *nuggets* de frango antes. Nossa estratégia era tentar desacreditar o McDonald's como especialista em frango e, assim, questionar a "qualidade" de seu produto. Porém sem difamá-lo. Observação: não é permitido atacar abertamente o produto de um adversário. As redes de TV não colocarão no ar um anúncio que seja de qualquer forma depreciativo em relação a outra empresa. Você pode delicadamente fazer uma brincadeira com um concorrente, mas mesmo sendo este um recurso legal, você corre o risco de uma reação dos consumidores. Existe a possibilidade de eles odiarem sua marca e apoiarem a concorrência. Quando vir um anúncio que ataca diretamente um concorrente, você irá notar que há bastante charme e um humor moderado.

Usando uma técnica nova chamada *clay animation*, ou *Claymation*, criamos um personagem que apelidamos de Baby, porque criá-lo foi rápido e divertido (e aconteceu num quarto de hotel), mas trazê-lo à vida (conseguir aprovação para a ideia) foi um processo longo e difícil que levou quase *nove meses*.

Baby tinha um corpo de hambúrguer e cabeça, pernas e asas de frango. Ele representava um hambúrguer que tentava se parecer com um frango e agir como tal, mas sempre fracassava de um jeito fofo e irresistível. Baby parece algo grosseiro, mas na verdade era adorável, e esse jovenzinho vendeu *nuggets* de frango da KFC aos milhares. Foi um marco na época porque aquela era a primeira vez que a KFC perseguia o McDonald's, embora nunca tenhamos mencionado o nome da empresa ou mostrado seus arcos dourados. Como essa campanha altamente competitiva foi feita com muito charme, não houve reação contrária dos consumidores. Em vez disso, ela os fez rir.

Outro benefício inesperado de nossa campanha foi que, em vez de canibalizar o negócio de frango com osso da KFC (ou seja, converter vendas de frango com osso em vendas de *nuggets*, uma maneira não muito boa de se fazer dinheiro), as vendas de *nuggets* acabaram se somando às vendas de frango com osso e a campanha melhorou o negócio da empresa de forma geral. E isso ocorreu numa época em que toda a indústria de *fast-food* estava sofrendo com quedas nas vendas.

Frank e eu éramos heróis!

A campanha salvou a conta para a Y&R e ficou no ar por dois anos. Frank e eu recebemos aumento, e fui promovida a diretora de criação associada. A KFC proporcionou meu primeiro gostinho de poder e influência. E foi de lamber os beiços.

Use ou perca

Ter peso é apenas metade da batalha. Ele deve ser usado e investido de forma inteligente e com integridade. Se você fizer isso da maneira certa, mais peso irá aparecer em seu caminho. De vez em quando, faça um teste pedindo algo que você queira, mas não mereça necessariamente. Homens são bons nisso. Eles pedem o tempo todo coisas que não merecem, e as conseguem. Coisas como trabalhos mais importantes, maiores aumentos, escritórios, títulos mais arrogantes. Eles gostam de viver em grande estilo.

Conheço um homem que é mestre em conseguir vantagens e promoções que não merece (até ele fica surpreso quando seus chefes atendem seus pedidos mais escandalosos). Ele consegue se safar porque gera dinheiro para a empresa, além de ser encantador e bom de papo. A empresa paga até pelo caro e prestigioso título de seu clube de campo, onde ele joga golfe com um cliente *uma vez por ano.* O resto do tempo é para seu uso pessoal. E ele é o único na empresa, além do CEO e do diretor financeiro, que goza desse benefício.

Mas peso não é algo valioso apenas para se obter promoções e benefícios. Também pode protegê-la de todo tipo de aborrecimentos profissionais. Por exemplo, quando eu era diretora de criação na McCann, tínhamos a conta de um fabricante de cigarros no sistema, e eu não queria trabalhar com cigarros. Eu tinha peso suficiente na empresa para pedir para não trabalhar com aquela conta e não ser penalizada por isso.

Peso pode também protegê-la de perigos ocultos. Mulheres sofrem em culturas dominadas por homens, e mulheres jovens e atraentes têm ainda mais problemas. Os homens dão em cima delas. Uma mulher chamada Frances trabalhou por 14 anos no clássico clube do bolinha de telejornais. Em seu escritório, o dom Juan residente já tinha dado em cima de todas as mulheres atraentes, por 14 anos. Ele dava em cima de todas, menos dela. Quando ela saiu da empresa, passou em seu escritório para se despedir. Ele foi, como sempre, gentil e respeitoso. Depois de desejar boa sorte a ele, ela ameaçou sair, mas voltou para sua mesa.

"Não estou convidando você para sair nem nada do tipo", Frances disse a ele. "Só queria saber, por curiosidade, por que você nunca deu em cima de *mim.*" E ele disse, com um sorriso: "Está brincando? Eu morria de medo de você."

Por que ele tinha medo de abordá-la? Ela era atraente, com certeza. Até eu daria em cima dela se fosse homem. Mas algo impediu que esse cara ficasse brincando com ela. Ele simplesmente não correria o risco. Ela ainda diz que não sabe o porquê, mas vou arriscar um palpite e dizer que ela era importante demais para a empresa se arriscar a perdê-la.

Agora, minhas duas últimas observações sobre peso.

Se você usa seu peso de maneira honrada, isso pode torná-la uma pessoa melhor e uma líder mais poderosa. Usado de maneira incorreta, pode torná-la uma idiota detestável, egoísta e repulsiva. Você precisa fazer essa escolha com cuidado. Depois que fica conhecida como idiota detestável, egoísta e repulsiva, isso fica para sempre.

E, por último, tome cuidado para que ninguém vire o jogo e use seu peso contra você. Cuidado com os Idiotas de Peso.

O lado negro do peso

Idiotas de Peso têm um comportamento desprezível. Eles usam sua influência e poder para chantagear a empresa e obter vantagens que não merecem. Se eles tiverem uma relação especial com um cliente importante, por exemplo, poderão exigir aumentos e promoções não merecidos, e ainda se dar bem. Há muito ressentimento em relação às pessoas que fazem isso, mas Idiotas de Peso são tão narcisistas que nem percebem ou se importam.

Os mais desprezíveis Idiotas de Peso são os predadores. Em geral, trata-se de homens que têm tanto poder que isso os torna praticamente intocáveis, homens que podem fazer quase tudo o que quiserem sem ser repreendidos. Uma das piores coisas que podem fazer é dar em cima de mulheres jovens e indefesas na empresa, especialmente aquelas que trabalham diretamente *para* eles. Curiosamente, eles nunca dão em cima das mulheres das quais *precisam*, apenas daquelas que podem substituir facilmente. Estas são geralmente as mulheres mais jovens, que ainda não deixaram sua marca na empresa. Elas são as mais vulneráveis e mais fáceis de explorar. Homens que usam mulheres indefesas como presas são covardes.

Quando comecei a trabalhar com publicidade, não era incomum que homens com cargos importantes assediassem sexualmente essas mulheres mais jovens e vulneráveis. Não estou falando de casos amorosos de verdade, quero dizer dar atenção *indesejada*. Agora este problema se tornou tão caro (mais de 12 mil processos de assédio sexual foram abertos em 2006)* que a maioria das empresas impôs certas normas. Funcionários são obrigados a comparecer a seminários que explicam claramente as políticas de decoro e o que constitui assédio sexual. A McCann Erickson leva esse assunto *muito* a sério. Além disso, um número cada vez maior de empresas está exigindo de colegas que estejam vivendo um relacionamento consensual que assinem um "contrato de amor" para proteger a empresa de um futuro processo por assédio sexual.

O resultado de todas essas precauções é que o assédio sexual, hoje, tornou-se algo dissimulado. Não é tão óbvio, mas ainda existe. Festas de Natal são as piores ocasiões, e até mesmo agências refinadas têm histórias apavorantes de homens (geralmente diretores de criação, sinto dizer) fazendo coisas indecentes em público, na frente de, e geralmente com, mulheres jovens.

Vamos falar um pouco de casos amorosos. Em geral, nunca é uma boa ideia se deixar seduzir pelos encantos do dom Juan do escritório, seja ele seu chefe ou não, mesmo que você seja sofisticada o suficiente para lidar com a situação. No caso de romances de escritório, a mulher geralmente é quem deixa a empresa quando o *affair* termina, porque o homem, invariavelmente, tem mais peso.

Eis um truísmo impressionante sobre romances de escritório: quando estão apaixonados, vocês nunca cruzam um com o outro. Depois que terminam, seu amante está em todo elevador em que você pisa. É um tipo de Lei de Murphy distorcida.

Já vi mulheres que pareciam esclarecidas se darem mal por "interagir" com o chefe ou outros colegas do sexo masculino que tinham cargos importantes. Proteja-se não se envolvendo com homens que possam prejudicá-la ou conseguindo peso suficiente para que esses homens tenham respeito por você. Um homem não irá arriscar seu emprego se tiver medo das repercussões. Esse é outro motivo para que você seja obstinada em gerar dinheiro para a empresa: ninguém mexe com uma pessoa poderosa.

* De acordo com o *Today Show*, da NBC, em 5 de julho de 2007.

Quando mulheres se veem em situações perigosas com homens no escritório, elas costumam vir até mim em caráter oficial. Uma mulher jovem estava chateada porque seu influente chefe a deixava "incomodada". Ele vivia fazendo perguntas pessoais sobre a pessoa com quem ela estava saindo e os lugares que frequentava. Ele elogiava suas roupas todos os dias, dizendo por que gostava de determinada combinação e comentando sobre seu bom gosto ao usá-la. Eu não sabia ao certo se aquele homem estava dando em cima dela ou não. Provavelmente, sim, mas havia sempre uma pequena possibilidade de que ele gostasse de verdade da moça, e de que aquele fosse apenas seu jeito de demonstrar isso. Ainda assim, ele tinha um cargo mais alto que o dela e uma fama de manter casos em outros escritórios, e por isso ela não confiava em suas intenções.

Eu queria conceder a ele o benefício da dúvida, mas, mais do que isso, ela precisava ter controle suficiente da situação para não se tornar uma vítima crônica. Eu disse que poderia interceder, mas que seria melhor se ela lidasse sozinha com a situação. Tinha que aprender a se proteger para que, se isso acontecesse novamente, ela pudesse cortar o mal pela raiz e manter o amor próprio. Eu disse a ela para entrar no escritório do chefe, fechar a porta e ficar de pé na frente dele. Era importante que ela não se sentasse. Se ela ficasse de pé, ele teria que olhar para cima.

Depois, orientei-a a dizer, com muita calma, que quando ele fazia perguntas sobre sua vida pessoal, isso a deixava *bastante incomodada.* Quando ele elogiava suas roupas, embora ela tivesse certeza de que ele o fazia como um elogio, isso a deixava *bastante incomodada*. Eu disse a ela que usasse a frase várias vezes, porque estaria enviando uma mensagem. Um comentário indesejado que faça o subordinado se sentir *"bastante incomodado"* é uma das definições de assédio sexual. Fazendo isso, ela enviaria a mensagem de que sabia que a agência e a lei estavam do seu lado, e de que ele estava entrando em terreno perigoso. Mas ela precisava fazer isso de maneira não ameaçadora e não agressiva. E, ao não acusá-lo diretamente de nada, daria a ele uma chance de sair elegantemente da situação.

Há que se dizer a seu favor que ele se desculpou imediatamente e disse não ter percebido que a estava deixando incomodada. Ele apenas gostava dela e achou que estava ajudando. Ele disse que pararia e cumpriu a promessa. Imediatamente. Ele não se encrencou, e ela não foi demitida nem se sentiu pressionada a pedir demissão. Mas, o mais importante, ela se sentiu revigorada e aprendeu como começar a cuidar das próprias necessidades. Essa jovem mulher se colocou numa boa posição e, logo após o incidente, tinha a autoconfiança necessária para começar a obter seu próprio poder.

Mas por que é tão difícil para as mulheres defender os próprios interesses? Não só com aqueles que nos intimidam, mas até com pessoas que podem nos ajudar de alguma maneira? O que há em nossa natureza que nos torna tão humildes? Por que não aprendemos a aceitar elogios e a fazer autopromoção? Homens fazem isso o tempo todo. Observe-os. Aprenda com eles.

8

OS SETE PECADOS CAPITAIS EM CLUBES DO BOLINHA

Se você trabalha com machos alfa em qualquer cultura, fique longe das armadilhas que a deixariam marcada como alguém que eles gostariam de evitar. Os sete pecados capitais a se evitar são: (1) humildade, (2) timidez, (3) covardia, (4) submissão, (5) obediência cega, (6) medo visível e (7) hipersensibilidade.

Há outros pecados, mas vou colocar apenas sete aqui. A maioria deles pode ser evitada se conseguirmos simplesmente juntar forças para *nos levantarmos e sermos notadas, droga!*

Por algum motivo, é um desafio para nós sermos as defensoras de nós mesmas. Não é difícil para os homens, mas é quase impossível até para a as mulheres mais experientes. Precisamos aparecer de várias maneiras: para conseguir atenção, para receber e *aceitar* elogios, para fazer aqueles que nos intimidam baixarem a bola e, às vezes, apenas para sermos ouvidas. Não importa quão inteligentes ou determinada somos, se formos bem-sucedidas, mas silenciosas, nunca iremos progredir entre homens.

Sempre me pergunto por que mulheres não se gabam. Você *conhece* algum homem bem-sucedido nos negócios que não se vanglorie ou que não fique com o crédito por suas realizações? Até os que não têm sucesso fazem isso. Nós, mulheres, somos muito tímidas para ficar com o crédito por coisas que fazemos ou há algo de errado geneticamente conosco? E, como se isso não fosse ruim o suficiente, quando alguém nos elogia, o que fazemos? Recusamos imediatamente qualquer responsabilidade por nosso sucesso. *Nós nos desviamos da glória.*

Uma de minhas clientes mais legais obteve uma enorme vitória em uma tarefa que havia produzido nada além de fracassos públicos no passado. Seu chefe a chamou em seu escritório para dar a ela um bônus (que ela aceitou, graças a Deus. Eu a teria matado se ela recusasse o dinheiro), mas ela não soube aceitar o elogio.

Ouço histórias de mulheres fazendo isso o tempo todo. Elas dizem:

"Tinha uma grande equipe ao meu lado."

Não brinca. Quem não tem uma ótima equipe?

"Não conseguiria sozinha."

Não *brinca*. Ninguém faz nada sozinho nos negócios.

"Minha equipe merece todo o crédito."

Ai, ai, AI!

Qual a reação de um homem quando alguém diz que ele fez um ótimo trabalho?

Um homem diz, *"Obrigado"*.

Fique na frente de um espelho e treine essas palavras até elas se tornarem um hábito:

"Obrigada."

"Obrigada, estou muito feliz por ter ajudado."

"Obrigada. Muito Obrigada."

"Foi muito trabalho, mas fico feliz por ter compensado."

Esqueça o altruísmo. Você tem que ser *vista* e seus esforços têm que ser *reconhecidos* para que fique com o crédito merecido. Você quer estar sob os holofotes. As pessoas não serão boazinhas se você *não* tiver sucesso. Esses golpes a acertarão em cheio, e você irá se machucar. Por que não aceitar os sucessos assim como os golpes?

Há muitas maneiras de ficar com o crédito por suas realizações, mas isso nunca irá acontecer se ninguém escutá-la. Foi esse o caso de minha amiga Allison, CEO de uma pequena, mas importante, empresa. Allison é uma mulher bastante experiente que tem muitas desvantagens: é bonita, tem um corpo lindo e parece tranquilamente ter dez anos a menos que seus verdadeiros 42. Ela é altamente respeitada na empresa, e as pessoas que a conhecem a admiram, embora estranhos achem fácil menosprezá-la. Eu não tinha percebido isso até começarmos a participar juntas de reuniões.

Fazíamos parte do conselho de uma organização sem fins lucrativos muito respeitada, e éramos as únicas mulheres entre 18 homens poderosos. Os homens dominavam essas reuniões, e se você tivesse algo a dizer, era muito difícil conseguir a atenção deles. Era menos difícil para mim, porque tinha experiência com clubes do bolinha e sabia como fazê-los escutar (grito com eles, literalmente), mas Allison não sabia como agir.

Como chefe de uma empresa, ela não estava acostumada a ser ignorada e não sabia comandar uma sala cheia de pessoas que não trabalhavam para ela. Toda vez que ela começava a falar algo, um dos homens a atropelava e todos começavam a olhar para ele em vez de olhá-la. Ela fez isso várias vezes até que todos saímos da reunião para um intervalo. Como Allison e eu estávamos sozinhas no banheiro feminino, ela finalmente conseguiu dizer o que pensava.

"Eles são tão GROSSEIROS!", gritou minha pacata amiga de dentro da cabine onde estava. "Não dá para *acreditar.* Que bando de idiotas. Não consigo uma brecha para falar nada com esses... idiotas."

Nossa, de onde tinha surgido toda essa coragem? Allison estava *enfurecida.*

Eu disse que, se ela falasse daquele jeito na reunião, metade de seus problemas estaria resolvida. Falei que não achava que os homens estavam sendo grosseiros conscientemente, apenas não a enxergavam ou escutavam. Nem eu estava conseguindo escutá-la, e tinha me esforçado para isso.

"Você tem que assumir o comando da sala", disse a ela. "Levante-se, fale com clareza, projete a voz e sempre comece dizendo algo encantador ou irresistível antes de expressar suas opiniões. Tente fazê-los rir, e eles prestarão atenção em você."

"Cavalheiros", Allison disse, interrompendo uma animada conversa ao se levantar. "Sua discussão está tão interessante que me esqueci do que queria dizer." Pausa dramática. Os homens olharam para ela surpresos, mas, mais importante que isso, estavam *mudos.* "Ah, esperem um pouco", ela disse, sorrindo. "Me lembrei. É isso..." E ela expôs suas ideias e se sentou.

Quando Allison se levantou, como era de se esperar, os homens pararam de conversar e olharam para ela. Eles riram de sua piada, e quando ela começou a expor suas ideias, todos a escutaram. Eles *gostaram* de escutá-la. (Ela não é apenas linda, mas esperta – já disse isso antes?) Eles sorriram para ela enquanto ela estava falando, e alguns deles até concordaram com o que dizia.

Às vezes funciona assim com homens: eles riem, eles escutam e, depois, estão do seu lado. Você os encantou. É uma boa combinação, e quase sempre funciona.

Uma risada rápida tem muitos benefícios. Primeiro, sua "piada" não precisa realmente ser tão engraçada, só um pouco não característica da pessoa que a está contando. Todos sabiam que Allison não tinha se esquecido do que queria dizer, mas ela era normalmente tão séria que sua brincadeira deixou os homens paralisados. Também não foi má ideia falar alto. Você não vai conseguir crédito por nada se eles não conseguirem escutá-la. Então, *urre.*

Infelizmente, conseguir falar mais alto do que o barulho não será o suficiente quando estiver tentando conseguir a atenção dos homens que trabalham com você. Mulheres jovens, principalmente, tendem a ficar muito frustradas quando ninguém nota que estão fazendo um bom trabalho, e elas estão num nível muito inferior da pirâmide para fazer algo a respeito. O que se faz quando isso acontece, me perguntam com frequência. Envolva uma terceira pessoa.

Uma das idiossincrasias interessantes da natureza humana é que temos a tendência de respeitar as opiniões de pessoas que estão se lixando para uma possível consequência. Sempre escutamos uma terceira opinião objetiva porque ele ou ela não tem intenções ocultas. Então, encontre um colega que seja objetivo e deixe que essa pessoa fale bem de você. Este sistema funciona de duas maneiras. Primeiro, você pode encontrar alguém no escritório que esteja no mesmo nível hierárquico que você e chegar a um "acordo de elogio recíproco". Seu colega falará para as pessoas, de maneira sutil e crível, sobre seus êxitos, e você fará o mesmo por ela (ou ele). Não deve escolher alguém que seja menos respeitado do que você – o elogio não terá importância para seu chefe. Também não quer alguém que esteja muito acima de você, porque seu elogio a ela (ou ele) pode não ter tanta importância.

Você pode até ter um defensor com cargo mais alto, alguém que não tenha nada a ganhar ao promover sua causa e que não espere nada em troca. Mas tome cuidado para que seu defensor não esteja numa posição tão alta da cadeia alimentar que você se torne uma "candidata de interesse específico", uma pessoa que é vista como não merecedora de atenção especial. O tiro pode sair pela culatra e gerar ressentimento.

Antes de me tornar chefe, trabalhei com uma brilhante jovem chamada Sarah, que estava passando despercebida por seus superiores. Às vezes, estávamos numa reunião e surgia um problema que ela já havia detectado e para o qual havia até pensado numa possível solução, mas ninguém a escutava. O que eu poderia fazer para ajudá-la?

"Bem", eu disse para o grupo quando isso aconteceu novamente, "Sarah e eu estávamos almoçando outro dia, e ela teve uma ideia ótima para esse exato problema. É tão brilhante que eu ficaria com o crédito pela ideia se ela não estivesse sentada aqui." Então, olhei para ela e disse "Você quer ir ao banheiro para eu ficar sob os holofotes ou quer você mesma contar a eles?"

Naturalmente, todos estavam ansiosos para ouvir a ideia de Sarah. Mas havia outro ponto positivo ali, obtido de maneira subliminar. Não fez mal nenhum para nenhuma de nós sugerir que conversávamos sobre negócios durante o almoço.

Há outras maneiras de dar impulso a alguém, como esta observação improvisada:

"Sabe, a estratégia que Lisa escreveu era tão boa que o pessoal da criação mostrou o trabalho para ela antes de mostrá-lo para Mike [o diretor de criação]. Mas não conte para ele, porque ele vai ficar furioso com o fato de alguém que planeja estratégias ter tanta influência com o pessoal de criação."

Dizer apenas que ela planejou uma boa estratégia seria algo sem sentido e subjetivo, mas dizer que o pessoal de criação – aqueles puristas rígidos e arrogantes – respeitou uma planejadora a ponto de mostrar voluntariamente seu trabalho criativo era uma *conquista*. Lisa havia conquistado sua admiração porque era esperta e deu a eles uma estratégia com percepções brilhantes sobre consumidores. Ela ajudou o pessoal de criação e não reivindicou crédito direto por suas contribuições. Uma vitória dupla. O fato de o pessoal de criação ter mostrado o trabalho a ela antes de mostrá-lo ao diretor de criação era um elogio enorme, e uma terceira pessoa objetiva dando a ela algum crédito completou o círculo.

Percepção vs. realidade

Uma das únicas vantagens de envelhecer é que você parece ter todas as respostas. Ainda assim, demorei muito para apreciar completamente a psicologia dos negócios. Antes de enxergar a luz, sempre acreditei que, se simplesmente desse a cara para bater e trabalhasse duro, meus esforços seriam reconhecidos e eu seria notada. Achava que não precisaria me gabar. Não era esperta. Pior ainda, era uma babaca.

Mas, em determinado momento, tive uma iluminação: a percepção não apenas supera a realidade, na maioria dos casos, a percepção *é* a realidade.

Minha amiga B. J. Kaplan e eu éramos redatoras na Young & Rubicam no começo de nossas carreiras. Tínhamos vindo de agências pequenas, de fora da cidade, e a Y&R foi nosso primeiro emprego numa grande agência de Nova York. B. J. trabalhava lá havia quase dois anos quando eu cheguei, e havia conquistado uma reputação bem sólida como profissional de criação. Quando entrei lá, ela era conhecida por sua personalidade cheia de manias, seu senso de humor ligeiro e sua capacidade de criar bons trabalhos que os clientes adoravam. Era a queridinha do grupo de criação.

Fui designada para o mesmo grupo e decidi imediatamente que gostava dela. Mas era impossível conseguir sua atenção. Ela não almoçava comigo ("Sem tempo para almoço", ela dizia. "Muito ocupada."), e eu mal conseguia fazer que ela falasse comigo. Não podia ser porque ela não gostava de mim, já que ela nem sequer me conhecia. Eu estava convencida de que B. J. não tinha mais espaço para novos amigos.

"Você é como Audrey Hepburn", eu disse um dia, quando ela estava novamente muito ocupada para almoçar comigo.

Aquilo chamou sua atenção. Ela achou que eu quis dizer que ela era magra.

"Sabe, naquela cena de abertura em *Charada*,* quando ela encontra Cary Grant pela primeira vez."

GRANT: Nós nos conhecemos?
HEPBURN: Por quê? Você acha que isso vai acontecer?
GRANT: Não sei. Como poderia saber?
HEPBURN: Porque eu já conheço muitas pessoas, e, enquanto uma delas não morrer, não posso conhecer mais nenhuma.
GRANT: Hum. Bem, se alguém entrar na lista de pacientes em estado crítico, me avise.
HEPBURN: Molenga.

Sempre adorei esse filme. B. J. também. Mas, mesmo assim, demorei um verão inteiro para conquistá-la. Tomávamos sol no telhado do prédio onde nós duas morávamos e falávamos sobre publicidade, sobre os prós e contras de máquinas de bronzeamento e sobre como amor não correspondido era irritante. Eventualmente, começamos a sair juntas. É isso que mulheres solteiras fazem quando estão entre homens.

Em pouco tempo, assumi a responsabilidade de ampliar os horizontes de B. J. Achava que ela era fechada demais em si mesma e precisava de algo em sua vida que fosse tão importante para ela

* Escrito por Peter Stone e Marc Behm.

quanto ela mesma. Comecei devagar. Primeiro, animei sua vida com uma planta de fícus. Quando vi que ela não matou a planta, dei um periquito de aniversário. Então, num sábado, vimos *As bruxas de Eastwick* e amamos a cena em que Cher, Susan Sarandon e Michelle Pfeiffer ficam bêbadas com martinis. Também adoramos as *taças*. Então, depois do filme, fomos até a Barneys e compramos algumas. E, após, paramos num bar e bebemos dois enormes martinis com o estômago vazio.

Quando fomos ver, estávamos num *pet shop* em Lexington Avenue. Uma hora depois, coloquei B. J. num táxi com um arranhador para felinos, uma caixa de areia, sacos de lixo, latas de comida para gatos e um pequeno siamês. Ela acordou no domingo de manhã com uma pequena bola de pelos miando em seu ouvido, e foi a primeira vez que ela se lembrou do que tínhamos feito. Ela deu o nome de Oliver para a bolinha de pelos, e ele se tornou o amor de sua vida.

Mas, apesar de nossa sólida amizade, minha presença na Y&R começou a fazer que B. J. reavaliasse seu papel na agência. Ela estava começando a notar que eu parecia ter mais influência do que ela. Num período relativamente curto, eu havia conquistado uma boa reputação em termos criativos por causa de macarrão, ervilhas e picolés, e logo ganhei meu grande parceiro, Frank Costantini, que me ajudou a obter ainda mais poder e influência.

Mas B. J. tinha sua própria lista de conquistas e também estava trabalhando com um grande diretor de arte. Na verdade, ela fazia *muito* mais trabalhos do que eu. Por que, na cabeça dela, eu parecia ter mais poder? Qual era a diferença?

No final, a culpa era da percepção.

Nos negócios, é prática comum dar às pessoas mais ocupadas as tarefas mais importantes. Elas não estão ocupadas sem motivo, já que são geralmente as pessoas mais talentosas, e farão o trabalho, já que são mais determinadas. E era isso o que acontecia com B. J., comigo e com nossos respectivos diretores de arte/parceiros. Uma equipe de gerência de contas ia até nosso escritório (geralmente às 8h da noite, quando já estávamos trabalhando até tarde para outra pessoa) e fazia um pedido nada razoável. Para começar, não devíamos aceitar tarefas dadas por gerentes de contas, apenas por nossos diretores de criação, então as regras estavam sendo violadas. Mas a equipe de gerência de contas quebrava o protocolo mesmo assim e nos bajulava para que a ajudássemos. B. J. dava um sorriso desanimado e aceitava a tarefa, embora isso significasse trabalhar mais noites e fins de semana.

Eu, pelo contrário, sempre reagi de modo diferente, principalmente às 8h da noite.

"Nossa, sinto muito, mas está fora de questão", eu dizia, com muita sinceridade. "Nós ajudaríamos, sem problemas, mas Frank e eu estamos muito atolados no momento. Certo, Frank?"

Frank ficava escondido em meu escritório quando isso acontecia, nitidamente entediado com a conversa e checando sua calvície cada vez maior no espelho atrás de minha mesa.

"FRANK."

Ele era muito ruim nesse jogo, totalmente ingênuo, e quando eu dizia coisas assim, ele apenas dava um sorriso falso e tentava não rir. Ele sabia que eu o mataria se ele risse.

"Estamos tão *enlouquecidos*, nem conseguimos pensar direito", eu acrescentava. "Vocês não querem *metade de um cérebro* trabalhando nessa tarefa, querem?"

Claro que eles queriam. Eles eram gerentes de contas. Para eles, metade de um cérebro era melhor do que nada, e não teriam tido o trabalho de ir até lá, às 8h da noite, correndo o risco de despertar a ira de nosso diretor de criação, se não estivessem desesperados.

Depois de minha doce recusa, eles saíam do meu escritório resmungando algo como "Bem, faça o melhor que puder. Qualquer coisa será bem-vinda".

Depois, Frank e eu trabalhávamos o fim de semana inteiro e dávamos a eles algo ótimo. Assim como B. J. e seu parceiro. Mas adivinhe quem obtinha mais reconhecimento e, certamente, maior gratidão? E adivinhe que equipe obtinha mais poder e influência por "cumprir uma missão se necessário"? Os rabugentos, Frank e eu.

Eu disse a B. J. que ela era muito flexível, e que as pessoas achavam que sua cooperação já era algo certo.

"Diga às pessoas que você teve de fazer sacrifícios por causa desse favor e elas irão valorizá-la mais." Eu sempre dizia isso.

B. J. acabou entendendo. Ainda somos amigas, e ela um dia saiu da Y&R para me ajudar quando me tornei executiva-chefe de criação na McCann. Ela tem um importante cargo de diretora de criação nessa empresa desde 1996. Não é mais uma ingênua, e, embora ainda não diga não a pedidos absurdos, agora faz questão de que todos reconheçam seus esforços. B. J. é reconhecida, e finalmente aprendeu a ser astuta.

Foi uma boa lição. Se as pessoas querem que você faça algo que não quer fazer, elas precisam saber que será um sacrifício e um sofrimento. Você não quer que as pessoas *esperem* mais do que o suficiente, porque logo elas vão pensar que é um direito delas. Quando isso acontece, você ganha *status* de "escravo". É uma armadilha na qual mulheres caem com mais frequência do que homens. E, uma vez dentro desse buraco, é difícil sair. Se você é mulher, eu aposto dinheiro que você é flexível demais.

Saia dessa.

É sorte, bom *timing* ou puro talento?

Outra lição que eu aprendi no caminho até o topo foi a de que *timing* é tudo. Não sei quanto do meu sucesso foi calculado e quanto se deveu à pura sorte de estar no lugar certo na hora certa, e, francamente, não importa. Certamente, foi uma combinação das duas coisas, mas não se pode nunca subestimar a importância de uma boa combinação de três fatores: sorte, *timing* e uma ótima ideia.

A primeira vez que cuidei da parte de criação da conta de uma grande empresa da bolsa de valores foi um destatre. Tinha acabado de começar a trabalhar na McCann Erickson como diretora de criação e queria muito deixar minha marca na conta da AT&T Business-to-Business.

Esse cliente nunca tinha tido uma mulher como diretora de criação antes, e eu queria ser a melhor líder de criação que eles já haviam tido. Achava que seria bem-sucedida porque adorava tecnologia, e o negócio de telecomunicações era quente nessa época. Apenas três anos antes, a AT&T era um monopólio regulado. Então, um dia, tudo mudou. Dos 149,5 bilhões de dólares em ativos que a empresa tinha no dia anterior, a AT&T reteve 34 bilhões. Dos mais de um milhão de empregados, reteve 373 mil. O governo havia acabado com o monopólio da AT&T e a companhia nunca mais foi a mesma. Quando entrei em cena, a AT&T estava profundamente engajada no que ficou conhecido como "a guerra dos telefones". Empresas emergentes como a Sprint e a MCI estavam brigando com ela por uma fatia do mercado residencial e de *business-to-business*. Era tudo muito excitante para mim, porque, além de tecnologia, adorava jogos de guerra.

Eu tinha uma visão para a AT&T desde o começo. Acreditava que esse gigante monolítico precisava trazer alguma humanidade para sua marca. Embora os anúncios para os consumidores residenciais fossem calorosos e fofos ("estenda a mão e toque alguém"), a voz da AT&T para as empresas era exatamente o oposto. Por algum motivo, a empresa deve ter acreditado que, quando as pessoas estavam nos escritórios, eram diferentes de quando estavam em seus lares, porque o anúncio para as empresas era frio e eficaz.

Três anos após o fim do monopólio, a AT&T ainda era vista como arrogante. Era óbvio que a companhia precisava explorar seu lado feminino, embora eu não tenha articulado dessa maneira para nossos clientes. Não importava o que dizia, eles não concordavam. Eu tinha colocado meus melhores profissionais de criação na tarefa, mas todas as ideias que apresentei foram rejeitadas.

Depois de dois meses, ainda não tinha conseguido aprovação para nenhum dos diferenciados trabalhos que havíamos criado, e alguns deles eram perfeitos para os clientes. No final das contas, eu não estava sendo paranoica. Lembro-me da reunião na qual eles finalmente decidiram que não me aguentavam mais. Eu tinha acabado de mostrar a eles uma encantadora, porém sofisticada, campanha animada, que explicava um produto de *networking* bastante complicado que eles ofereciam a pequenas empresas. A campanha não apenas tornava o produto desejável, mas apresentava a AT&T como uma empresa humana, que se importava com seus consumidores. Pelo menos, era o que eu pensava.

O que os clientes pensavam era que precisavam de outro diretor de criação. Pediram que eu me retirasse de seu negócio. Eles nem se impressionaram com o fato de eu realmente *entender* como sua maldita plataforma de rede funcionava. Eles simplesmente não estavam *me* aprovando.

John Nieman, diretor-executivo de criação na McCann, Nova York, continuou firme ao meu lado; na verdade, ele havia me contratado especificamente para cuidar do negócio da AT&T. Num gesto louvável, ele se recusou a me afastar da conta, e, depois de mais um mês complicado, a AT&T decidiu abrir seu negócio para outras agências. Três meses trabalhando na conta e a campanha estava em análise. Tinha a nítida desconfiança de que, se eu fosse homem, isso não teria acontecido.

O gerente de contas mais sênior que estava trabalhando no negócio, Hank O'Brien, era um ex-executivo da AT&T de fala mansa que estava no negócio na McCann porque entendia a cultura da AT&T e tinha influência junto aos clientes. Hank os convenceu a nos dar uma última chance antes de falar com outras agências. Ele prometeu que, em duas semanas, mostraríamos que entendíamos a marca, seus complicados produtos e como atingir os clientes empresariais. Nieman foi forçado a oferecer a tarefa a outras equipes de criação, porque, se perdêssemos a conta da AT&T, pagaríamos muito caro. John Dooner (que comandava Nova York e toda a América do Norte na época) se envolveu pessoalmente, embora houvesse outras quatro contas em crise exatamente no mesmo cronograma. (Durante anos após o episódio, Dooner iria se gabar sobre como estávamos em perigo com cinco contas diferentes ao mesmo tempo, e como suas cinco equipes escolhidas a dedo salvaram todas elas, uma por uma.)

Mas, na época, eu não sabia o que fazer. Então, reuni um pessoal de criação e fui até a sede da AT&T em Bedminster, New Jersey. Quando tiver dúvidas, fale com os clientes. Não vai arrancar pedaço. Quem estava me esperando era um homem chamado Joe. No final, ele seria a Grande Ideia que salvaria a conta, me transformaria em heroína e mudaria a cara da AT&T.

Esse "Joe" que eu havia descoberto era Joseph Nacchio, gerente do Centro de Operações de Rede (NOC, na sigla em inglês) da AT&T, o cérebro da empresa. O NOC tinha um enorme quadro de uns 15 metros de largura por cinco de altura que mostrava telejornais, padrões climáticos nacionais, mapas de todas as rotas telefônicas nos Estados Unidos, áreas problemáticas etc. Era uma imagem das comunicações em todo o país.

Joe era jovem, confiante, ligeiro como um chicote e cheio de energia, e foi a primeira pessoa que conheci na AT&T que me fez pensar que a empresa era dinâmica. Quando ele me explicou com que rapidez a AT&T conseguia recuperar e redirecionar ligações quando a escavadeira de um fazendeiro cortava um dos cabos da empresa, meu coração disparou. Pedi a ele que fosse ao escritório da McCann e me deixasse filmá-lo. Meu objetivo era usá-lo como porta-voz numa série de anúncios para TV.

Meu parceiro gerente de contas era o jovem Erick Keshin, um macho alfa grande, fortão, com quase dois metros de altura e tão confiante e esperto como Joe. Nós três formaríamos uma parceria duradoura no negócio da AT&T, mas, na época, conhecia Eric tanto quanto Joe. Estava agindo somente por instinto. Nunca imaginaria que esse grandalhão seria meu parceiro nos vinte anos seguintes e se tornaria a pessoa mais importante na minha carreira. Tudo o que eu sabia era que Eric entendia a AT&T e o complicado negócio das telecomunicações, e eu precisava dele.

Então, Joe veio até o escritório da McCann, e Eric e eu fizemos perguntas sobre o negócio, que o deixaram todo agitado, e aquelas respostas animadas resultaram nos melhores comerciais. Ele ficava entusiasmado e animado enquanto explicava o que a AT&T fazia para tornar sua rede "robusta", ou autorreparadora, e como eles conseguiam redirecionar chamadas instantaneamente de uma linha de fibra óptica para outra quando um cabo era cortado. Ele descreveu com entusiasmo como a companhia era competitiva, com novos serviços para empresas, e por que a AT&T era, sem dúvida, a melhor provedora de serviços para empresas. Ele foi magnífico.

Eric e eu conversamos com Joe por horas, e eu gravei nove comerciais. Eu os editei para parecer que tínhamos simplesmente aparecido ali durante a conversa de Joe. Às vezes, começava um comercial no meio de uma sentença para dar a sensação de que o espectador tivesse escutado por acaso. Queria que os comerciais parecessem reais e gravados na hora, para dar às pessoas uma ideia da verdadeira AT&T e das pessoas nos bastidores. Eu queria que as pessoas compartilhassem o enorme respeito que eu tinha pela empresa e acreditassem que a AT&T empregava pessoas entusiasmadas e espertas, nas quais os consumidores pudessem confiar e dos quais pudessem gostar.

Queria que o consumidor empresarial se apaixonasse pela AT&T. Mais do que isso, queria que a AT&T fosse vista como uma empresa com a qual as pessoas *quisessem* fazer negócio.

Naquele dia assustador em que apresentamos todos os trabalhos da agência, reuni o pessoal de criação para um papo motivacional. Estávamos em missao de combate, e me lembrei de uma fala acalentadora de um velho filme da Segunda Guerra. Usei uma versão dela.

"Entramos, apresentamos e saímos", disse. "Ninguém se machuca."

No filme, eles não estavam apresentando ideias criativas para a AT&T, é claro. Iam apenas explodir uma ponte em território nazista cheio de soldados inimigos.

A sala de reuniões estava lotada com todo o conselho administrativo da AT&T – vinte gorilas de 300 quilos que tomavam todas as decisões para aquela que era, talvez, a empresa mais influente da América na época. Um deles era o CEO de aparência feroz, que todos diziam não ter sorrido desde a divisão da Ma

Bell,* em 1984. Dava para imaginar, só de olhar para ele, que isso provavelmente era verdade. Era intimidador, para dizer o mínimo, e ele apenas olhava furiosamente para mim. Entre o conselho da AT&T e a equipe da McCann, eu era a única mulher numa sala com trinta homens.

A agência tinha preparado três campanhas para mostrar a esses clientes. As duas primeiras eram difíceis de apresentar. Tínhamos feito *storyboards* tradicionais, e cada comercial de trinta segundos tinha aproximadamente cinco painéis mostrando os desenhos e o texto que passaria a mensagem. Para tornar as coisas ainda mais difíceis, tínhamos ampliado esses painéis para que todos pudessem vê-los, mas era praticamente impossível para uma pessoa manejá-los. O cara da criação que apresentou esse trabalho, vamos chamá-lo de Lou, era um redator brilhante e formado em Rhodes, mas parecia ter ficado louco logo depois de se levantar para fazer a apresentação. Por algum motivo bizarro, Lou decidiu que fumaria um cigarro enquanto apresentava o trabalho, e a combinação de cinzas de cigarro voando por toda parte e aqueles painéis pesados fez a apresentação parecer um esquete do *Saturday Night Live*. Só que ninguém estava rindo.

Quando chegou minha vez de apresentar, nossos clientes da AT&T já tinham lançado olhares de reprovação para cada um dos oito comerciais que foram apresentados nas duas primeiras campanhas. Nossos enormes *storyboards* davam uma aparência bagunçada à sala de reuniões, e o lugar parecia um cemitério de trabalhos criativos. Na verdade, era um cemitério, já que tudo estava obviamente morto e enterrado. Todas as cinzas de Lou davam um toque especial.

Então, era minha vez de me levantar e encarar o grupo. Eu sabia que, se eles vissem meu medo paralisante, estaria morta também. Tinha que ser dura, confiante, impositiva e um pouco arrogante. Exa-

* Em janeiro de 1984, a AT&T foi obrigada a dividir suas operações regionais (conhecidas informalmente como Ma Bell) em sete empresas independentes, que ficaram conhecidas como "Baby Bells".

tamente o oposto do que eu estava sentindo de verdade. Mas tinha que ser o "*homem* rústico do Meio Oeste", que sua cultura respeitava.

Andei até a frente da sala sem *storyboards*, roteiros ou anotações. Tudo o que eu tinha era um vídeo em minhas mãos, e, em minha cabeça, uma curta, porém eficaz, apresentação do trabalho que estava prestes a mostrar. Se essa apresentação for feita da maneira correta, você pode vender o trabalho antes mesmo de apresentá-lo. Por outro lado, se for fraca pode prejudicar até mesmo a mais brilhante ideia.

A primeira coisa que disse a eles era que a marca AT&T Business-to-Business não tinha personalidade. Achava que isso chamaria sua atenção – e chamou. Eu disse que a empresa era grande e importante, rica e poderosa, mas não tinha alma. O fato de ela ter sido um monopólio desde sua criação a havia tornado arrogante e inacessível.

"As pessoas não confiam em vocês", eu disse àqueles homens poderosos. "Seus clientes empresariais estão mudando para um concorrente emergente [MCI], embora a qualidade do serviço deles não seja tão boa e sua rede seja menos confiável. E vocês sabem por quê?"

Silêncio na sala.

"Porque eles *não gostam* de vocês." Ouvi John Dooner tossir. Mais tarde, ele me disse que não estava preocupado, estava apenas ofegante.

"E por quê?", perguntei. "É porque eles não os *conhecem*. E o que torna isso ainda pior é o fato de seus clientes empresariais *não quererem fazer negócio com vocês.*"

Foi duro, mas ninguém se acovardou. Estava muito nervosa para ter medo, de qualquer forma. Sentado contra a parede (não podíamos nos sentar na mesa de reuniões com os clientes), John Dooner e Eric Keshin estavam agora com uma feição paralisada. Olhei para Eric e ergui a sobrancelha sutilmente. Esse era nosso código para "Como estou me saindo?", ele franziu a testa e fez um breve gesto positivo com a cabeça. Eu entendia o que um franzir de testa significava, e um gesto positivo também era claro, mas os dois juntos me deixavam confusa. Prossegui e encerrei a apresentação com o máximo de bravura masculina que conseguia exibir.

"Mas há boas novas, cavalheiros", eu disse. "Podemos mudar tudo isso, vocês podem mudar tudo isso, com isto."

Coloquei minha fita em seu aparelho e apertei o *play*.

Eles assistiram a meus nove comerciais com Joe Nacchio. Ele tinha energia, era informativo, corajoso e entusiasmado em relação a sua empresa. Tinha também grande entusiasmo por telecomunicações, e até fez o negócio parecer interessante. Ele transmitia confiança e confiabilidade. Você gostava do cara, e, por sua vez, ele fazia você gostar da AT&T. Os nove comerciais resultavam numa AT&T com a qual você gostaria de fazer negócios, uma empresa que tinha o cérebro e a *paixão* para fazer a coisa certa, a dedicação para ser a melhor em favor de seus clientes, e os recursos para tornar a AT&T, incontestavelmente, "a escolha certa".

Depois, eu deveria perguntar se eles tinham perguntas, mas me esqueci. Quando o último comercial terminou, apertei *stop*, tirei a fita e disse: "Então, senhores, e agora?".

Muitos dos homens (não o CEO) haviam sorrido durante a apresentação, e alguns até riram enquanto os comerciais mais divertidos estavam passando, mas agora havia um silêncio mortal na sala. Finalmente, o CEO falou.

"Creio que Nina estava escondida durante nossa reunião na segunda, e escutou cada palavra que falamos."

A AT&T nunca procurou outras agências, e conseguimos manter a conta.

Colocamos no ar esses comerciais e filmamos outras pessoas dinâmicas da AT&T. A campanha conseguiu exatamente o que esperávamos: deu à divisão de negócios da AT&T coração e alma. A AT&T havia explorado seu lado feminino.

Tive muita sorte por esse momento decisivo ter ocorrido durante meus seis meses como diretora de criação na McCann. John Dooner, que se tornaria CEO da McCann Worldgroup, após aquele episódio da AT&T formou uma opinião a meu respeito que nunca mudou. Ele tinha uma lista de grandes executivos em mente, e agora eu era um deles. Eu tinha poder e influência e, mesmo assim, foi difícil desfrutar dessa glória inicial.

Apenas três pessoas trabalharam nessa campanha salvadora: Eric Keshin, Elaine Mixson, a produtora que fez que as coisas andassem, e eu, a redatora e diretora de criação. Foi minha ideia usar Joe, e eu editei os comerciais. Mas Eric sabia fazer as perguntas certas e, juntos, conseguimos um ótimo material. Eric desfruta da glória dessa conquista *até hoje*. Mas, na época, quando as pessoas me elogiavam por ter salvado o negócio, sempre ficava muda.

Creio que aquela pode ter sido a última vez em que fiquei sem palavras.

9

DECIFRAR AMBIENTES E OUTRAS HABILIDADES FEMININAS ÚTEIS

Como você pode ser bem-sucedida nos negócios se não consegue decifrar um ambiente com um único olhar? Em qualquer negócio que envolva a conquista de novos clientes, haverá reuniões ou com pessoas que você não conhece muito bem, ou que simplesmente não conhece. Esses clientes em potencial devem admirar algo em sua empresa – caso contrário, não estariam se reunindo com você –, mas não sabem quem você é e, mais importante, você não os conhece. Você está tendo um romance com estranhos.

Não sei como é possível conquistar alguém que você nunca viu se não possui capacidade aguçada de decifrar um ambiente e captar pequenos sinais. Ainda assim, muitos homens não têm a antena para fazer isso. Eles podem até aprender, mas não é algo natural. Por isso, é importante ter mulheres na sala. Para clubes do bolinha, as chances de ter uma mulher com cargo importante em uma reunião são raras. Por muitos anos na McCann, costumava ser a única alta executiva nessas reuniões.

Em publicidade, assim como na maioria dos negócios do setor de serviços, normalmente nos encontramos com clientes pela primeira vez quando estamos tentando ganhar sua conta. Essa primeira reunião é sempre um teste de química. Os clientes estão olhando para nós e para outras agências de publicidade por um motivo: eles querem se apaixonar. É impressionante a quantidade de pessoas espertas no ramo da publicidade que não entende isso.

Mas, embora novos clientes em potencial estejam procurando amor, nem todos na reunião serão receptivos. Pelo menos, não no começo. Sempre haverá uma ou duas pessoas que podem ter preconceito contra sua empresa e talvez não queiram participar de uma reunião com vocês. Você precisa descobrir quem são essas pessoas e conquistá-las antes que elas envenenem todo o grupo. Isso é especialmente chato quando um dos sabotadores é um peixe grande.

Tenho menos problemas quando o peixe grande é uma mulher. Mulheres são mais fáceis de decifrar do que homens. Ou elas vão me admirar porque também cheguei ao topo da escada corporativa em minha empresa, e então teremos uma afinidade instantânea, ou elas vão ficar contrariadas com o fato de haver outra mulher na sala e me enxergarão como uma concorrente. Se este for o caso, não me importo em recuar e deixá-las brilhar sozinhas sob os holofotes.

Embora homens talvez sejam um pouco mais difíceis de decifrar, dá para saber muita coisa sobre eles por meio da leitura dos sinais sutis que eles enviam. Eu conseguia decifrar um homem instantaneamente pela maneira como ele apertava minha mão. Se ele pegasse as pontas dos meus dedos como se eu fosse uma leprosa, tornava as coisas mais fáceis para mim: eu simplesmente ficava calada e via quanto rancor ele nutria por mulheres, e descobria se era em relação a todas as mulheres ou apenas a mim. Às vezes, eu me enganava em relação a esses homens. Talvez eles não se sentissem à vontade com mulheres, mas isso não significava que eles nos temessem ou tivessem raiva de nós. Não importa, esses homens podiam ser conquistados.

Agora, infelizmente, é mais difícil decifrar um homem por seu aperto de mão. Eles estão trapaceando. Estão lendo livros, esses malandros. Agora, eles *sabem* que devem pegar toda a mão de uma mulher de forma relaxada, porém firme, e olhar para ela diretamente nos olhos enquanto a cumprimenta. Eles treinam. Torna mais difícil distinguir amigo de inimigo, mas não impossível. Significa apenas que, enquanto eles estão apertando sua mão dessa maneira ensaiada, politicamente correta, você tem que tirar alguma coisa deles. Você pode fazer isso testando o que os fará rir. Ou, pelo menos, sorrir para você. Basta um comentário engraçadinho, uma rápida cutucada verbal enquanto vocês estão apertando a mão um do outro e quando eles menos esperam. Pode ter várias formas. Um elogio velado geralmente funciona, como por exemplo: "*Bela gravata. Você a escolheu?* Não, espere. Foi um presente, certo?"

Se ele rir, isso me diz alguma coisa: ele não é cheio de si mesmo, não é tenso e, provavelmente, tem bom gosto para gravatas, entre outras coisas. Se ele não rir, aprendo ainda mais. Fico com um pé atrás com um homem que não ri fácil e instintivamente durante um rápido aperto de mãos com uma mulher. Pode significar que ele está extremamente tenso. Nessas circunstâncias, a maioria das pessoas fica ansiosa para descobrir algo para quebrar o gelo, e, se perde a oportunidade, significa que há algo ali. Fico esperta com homens assim.

Às vezes, um flerte funciona.

"Suas mãos estão frias", eu digo. "Você sabe o que mulheres italianas dizem sobre homens com mãos frias." Ele não terá a menor ideia. "Mãos frias, coração quente. Verdade?" Que homem resiste a um flerte tão descarado? Se ele resistir, no entanto, isso me diz que ele será difícil de dobrar.

Eis uma dica para o caso de o homem ser o CEO ou alguém que acredita ser importante: *"Procurei seu nome o Google. Sabe quantos resultados eu obtive? Oitocentos e trinta e dois."*

A pegadinha é que você tem que ter procurado o nome dele no Google. É importante não blefar ou mentir ao lidar com o ego de um homem.

Depois de amaciar as pessoas, o resto é mais fácil. Mas seja esperta e vá direto ao ponto rapidamente. Não quer que os homens pensem que você é a boba da corte e que seu único trabalho é deixar as pessoas mais soltas. Você também precisa estar numa posição de certa autoridade para que isso funcione.

Felizmente, mulheres decifram salas subconscientemente. Às vezes, nem sabemos que estamos fazendo isso. Simplesmente captamos sinais, como mágica. Faz parte da nossa natureza. Eis um cenário clássico dessa habilidade em ação, durante uma reunião de rotina:

Três homens e duas mulheres acabaram de voltar de uma apresentação de novas ideias criativas para um cliente muito importante. Todos eles tinham trabalhado no negócio durante um ano e conheciam o cliente muito bem. Eles entram em meu escritório para fazer um relato da reunião.

"Como foi a reunião?", eu pergunto. Essa simples pergunta é repetida milhões de vezes todos os dias, em todas as empresas, todos os setores e todos os países do mundo. A única reposta que se quer ouvir é "Ótima!", ou algo razoavelmente parecido.

Neste caso, os três homens me fazem um favor.

"Ótima!", o primeiro homem diz. "Eles querem prosseguir com tudo."

"Testar algumas ideias, esse tipo de coisa", diz o segundo.

"No geral, uma boa reunião", o terceiro homem afirma.

"No geral, uma boa reunião" é o jeito masculino de dizer "ninguém morreu na mesa de reuniões."

Olho para as duas mulheres, que também estavam lá. Elas não estão contribuindo com nada para a avaliação da reunião. (Os homens têm cargos mais altos.) Tenho que pedir a opinião delas.

"Eles odiaram tudo", uma delas diz.

"Eles disseram isso?", pergunto.

A outra mulher bufa. "Claro que não. Eles são muito reprimidos para serem *honestos* conosco. Mas eles não fizeram *contato visual* com ninguém. Eles ficaram sentados de braços cruzados, olhando para nossas clavículas. Ned [o cliente com cargo mais alto] ficou afastando sua cadeira da mesa de reuniões. Em determinado momento, achamos que ele ia fazer isso até sair pela janela."

"No final, acho que ele queria *pular* pela janela", a primeira mulher diz. "Ele disse que poderíamos prosseguir para a fase de testes... Como se quiséssemos *nos suicidar. Poderíamos* seguir para os testes, não *deveríamos.*"

Os homens argumentam, apontando pontos específicos do trabalho que agradaram aos clientes. As mulheres só balançam a cabeça.

"É melhor você ligar", as mulheres dizem. "Estamos com sérios problemas."

Quando ligo para Ned, preciso de um pé-de-cabra para tirar sua ansiedade. Fica claro para mim que ele está nervoso já havia algum tempo, e que ninguém percebeu isso. Quando um cliente como esse não quer falar sobre um problema, geralmente significa que o relacionamento acabou há tanto tempo que nenhuma discussão irá resolver. Está claro, mesmo pelo telefone, que a situação exige uma medida desesperada. Escuto suas preocupações e garanto a ele que um novo trabalho estará pronto em três dias.

Conseguimos cumprir o prazo, e todos se acalmam. Finalmente, escutamos e agimos com rapidez. Mas o que teria acontecido se eu não tivesse sido alertada a tempo sobre o problema? Teríamos testado alegremente um trabalho do qual os clientes não gostaram e perdido aquela conta, quando era tão fácil resolver o problema. E, francamente, o problema deveria ter sido discutido *na reunião*. Por que isso não aconteceu? Há vários motivos.

Em primeiro lugar, dois dos três homens eram profissionais de criação, e o terceiro homem era o gerente de contas mais antigo. As "decifradoras de ambiente" (as duas mulheres) não eram experientes o suficiente para assumir o controle da reunião. Tudo que elas podiam fazer era observar o desastre acontecendo diante de seus olhos. É uma vergonha não termos mulheres com altos cargos neste ramo. Sua intuição e percepção teriam feito toda a diferença. E não apenas nessa reunião, mas em reuniões anteriores que nos levaram a essa situação desastrosa.

Em segundo, não havia "quebradores de gelo" na sala – pessoas que possam usar o charme para quebrar a tensão quando a reunião está indo por água abaixo.

As duas jovens mulheres perceberam que os clientes estavam nervosos, mas não tinham habilidade ou confiança suficientes para dissipar ou diminuir a insatisfação dos clientes. Então, tudo foi se acumulando. Se alguém tivesse ao menos dito algo engraçado, isso poderia ter aberto o diálogo para uma discussão saudável. Se eu estivesse lá, poderia dizer: *"Posso ver por esse olhar em seu rosto que há algo de errado aqui. Você quer falar sobre isso? Ou devemos sair para vocês começarem a encher a cara?"*.

Em terceiro lugar, as mulheres nem sequer se sentiram confiantes o suficiente para discutir o problema com seus colegas homens antes de entrarem no meu escritório. Elas deveriam saber que os homens tinham a impressão de que a reunião tinha sido boa. Por que não verbalizaram suas preocupações antes de todos virem até mim? As mulheres sentiram que suas opiniões seriam ignoradas? Elas não deveriam ter esperado eu perguntar sobre suas impressões. Elas deveriam ter falado voluntariamente, de forma corajosa e com convicção. E se o relato tivesse sido feito para um homem, e não para mim? Ele teria percebido uma divergência dentro da equipe?

E o que aconteceu de verdade durante aquela reunião? Os três homens não eram idiotas, mas eles acreditaram no que o cliente disse. Eles escutaram o que seus cérebros esperavam escutar. Eles estavam tão confiantes de que a agência estava certa que não esperavam outro resultado. E, afinal de contas, esses clientes não demonstraram sinais claros.

Se os clientes tivessem dito que o trabalho era "bastante criativo", a antena de *todos* teria se ligado. Quando os clientes dizem essa frase, quase sempre estão sendo pejorativos. "Bastante criativo" é o jeito de falar dos clientes e significa que o trabalho é criativo *demais*. Receberá prêmios de criação (que poucos clientes valorizam), mas não resolverá problemas empresariais.

Mas, quando eles dizem algo como "interessante" e "nunca pensamos nisso dessa maneira" – dois comentários que podem ser sinceros ou não –, pelo menos sabemos que precisamos de um pouco mais de informação para interpretar corretamente o que eles querem dizer. É aí que as mulheres levam vantagem. Escutamos com os ouvidos e com os olhos.

Nessa reunião, a linguagem corporal dos clientes era alta e clara, mas apenas para as decifradoras de ambiente. É por isso que é tão perigoso fazer reuniões sem mulheres na sala, ou com mulheres que estão lá, mas que têm medo de confiar em seus instintos e dar suas opiniões. Temos um jeito diferente de olhar para as coisas, e um conjunto diferente de ferramentas para resolver problemas.

Nossa capacidade de interpretar comunicação verbal e não verbal é uma parte crucial dos dons naturais que temos a oferecer. Quando era mais jovem, achava que era apenas uma boa leitora de mentes, mas à medida que fui adquirindo mais experiência e trabalhando com um número cada vez maior de mulheres inteligentes, percebi que era algo que tinha mais a ver com gênero. A única diferença é que algumas mulheres confiam em seus instintos, enquanto outras são muito inseguras para escutar a própria opinião.

Esses instintos são úteis quando estou fazendo o trabalho que a maioria dos gerentes (e todos os diretores de criação) concorda ser o mais difícil: contratar estranhos. É por isso que adoramos contratar pessoas que já conhecemos. Não é só porque gostamos de contratar nossos amigos, gostamos de contratar pessoas nas quais sabemos que podemos confiar.

As vagas mais difíceis de preencher são as administrativas. Como você sabe que tipo de líder a pessoa será? Consigo as melhores pistas a partir da comida. Sempre levo um candidato para um café da manhã ou almoço para ver como eles tratam os funcionários do local. Sem exceções, a maneira como essa pessoa trata quem a está servindo será a maneira como ele ou ela irá tratar as "pequenas pessoas" no escritório. (Uma vez, um candidato se referiu a empregados como pequenas pessoas; não o contratei.)

Há também o teste do Voo de Seis Horas. Tive essa ideia com John Nieman. Eu decidiria durante uma entrevista se conseguiria ficar sentada ao lado do candidato durante um voo de seis horas entre Nova York e Los Angeles. Se eu não quisesse estar com essa pessoa por tanto tempo, poderia deduzir ninguém mais iria querer, e que resolver problemas com ele ou com ela seria um sofrimento. Sempre quero me cercar de pessoas talentosas que sejam honestas, decentes e divertidas. Mary Ellen Cloyd, minha astuta assistente e querida amiga há mais de 18 anos, é uma mulher sábia que poderia ter se tornado uma líder brilhante. Ela sempre sabia se eu contrataria determinada pessoa ou não, dependendo da duração da entrevista. Uma entrevista de trinta minutos poderia ser algo positivo ou negativo, mas se ela tivesse que entrar e remover o candidato fisicamente de meu escritório, porque havia outra entrevista agendada, ela sabia que o candidato estava dentro.

"Você gostou desse", ela dizia, com um brilho nos olhos.

Mary Ellen conseguia decifrar uma sala mesmo quando não estava *dentro* dela.

Passo muito tempo tentando fazer que os machos alfa da McCann explorem alguns atributos que são naturais para as mulheres. Às vezes, eles tentam. Na época em que Jim Heekin era CEO da McCann, costumava tentar equilibrar seu lado macho com algumas habilidades femininas. Um dia, ele passou em meu escritório ao voltar de uma reunião com um cliente. Ele estava tão feliz que achei que a reunião tinha sido "Ótima!".

"Foi um desastre", ele disse, rindo de orelha a orelha. "Ninguém nos olhava nos olhos", ele continuou, alegremente. "E eles se sentavam assim." Ele cruzou os braços de forma tensa na frente do peito e girou sua cadeira, de forma que suas costas estavam quase viradas para mim. Depois, ele soltou uma gargalhada, deu um tapa na mesa e disse: "Eu decifrei a sala!". Estava muito orgulhoso.

10

HOMENS SÃO MAIS CORAJOSOS QUE MULHERES?

Homens são programados para assumir mais riscos que mulheres? Ou são simplesmente mais corajosos por natureza? Quanto pode ser atribuído aos costumes e convenções de nosso ambiente ou ao nosso DNA? Podemos culpar nossas mães, que nos criaram para sermos mocinhas?

Homens realmente *têm* mais coragem, ou são apenas mais negligentes do que nós? Talvez eles estejam apenas *agindo* de forma corajosa. Há uma diferença real entre coragem verdadeira e bravata?

Durante a última metade de minha vida, as ocasiões em que fingi ser corajosa superaram por grande margem aquelas em que realmente *fui* corajosa. Ainda espero me tornar corajosa.

Sangrenta, sangrenta Coca (2002)

Durante anos, tive um pesadelo recorrente. Estou andando na rua, cuidando da minha vida, quando, de repente, do nada, um grande caminhão vermelho da Coca-Cola desce a rua em alta velocidade, vindo em minha direção. Tento me esquivar, mas o caminhão é ágil como eu. Vou para a esquerda, e o caminhão vai para a esquerda; eu desvio para a direita , e o caminhão faz a mesma coisa. Ele vai chegando cada vez mais perto, e eu começo a ficar sem fôlego. Finalmente, o caminhão me atinge. O resto do sonho é uma vista aérea da cena do acidente; é quase como se eu estivesse flutuando sobre a carnificina. Tudo o que eu vejo é um monte de sangue. E é todo meu.

Em 2002, meu sonho meio que se tornou realidade. Depois de perder a conta da Coca-Cola dez anos antes, a McCann finalmente estava tendo outra chance com essa adorada marca, e, como executiva-chefe de criação em Nova York, eu estava no comando da ação. Vínhamos trabalhando na Coca-Cola havia algumas semanas. Meus melhores profissionais de criação estavam desenvolvendo exclusivamente ideias inovadoras para podermos deixar esses novos clientes de boca aberta.

Nossa primeira reunião foi na sede da Coca, em Atlanta, Georgia. Fomos armados com vinte comerciais de TV e quatro canções originais. Iríamos deixá-los surpresos com o alcance de nosso brilhantismo e nossa surpreendente compreensão da marca Coca-Cola. Afinal de contas, ninguém havia trabalhado com a empresa por mais tempo que a McCann Erickson e ninguém amava a marca mais do que nós.

A reunião consistia de oito pessoas da McCann e 14 da Coca-Cola. Fomos todos para uma grande sala de reuniões, onde um suntuoso almoço havia sido saboreado – pelos clientes, não por nós. Depois de algumas brincadeiras, fiquei na cabeceira da mesa para apresentar nosso trabalho. Assim que fiquei de pé, meu nariz começou a sangrar.

Não foi coisinha de mulher. Não. Estava jorrando sangue, e não havia como fazer aquilo parar. Tentei fingir que aquilo não estava acontecendo e continuei conversando, segurando meu nariz com lenços de papel que se encharcavam rapidamente. Não queria ser vista como uma pessoa fraca.

Os clientes, um grupo decente de homens, estavam horrorizados. Eles ficavam me passando os grandes guardanapos de pano de seu almoço, que estavam espalhados sobre a mesa, e perguntando se eu queria fazer uma pausa, mas eu recusei a oferta.

Minha filosofia de trabalho se tornou contrária a intervalos. Apenas um ano antes, um "intervalo" havia precipitado a perda de um negócio de 350 milhões de dólares. Estávamos mostrando aos nossos irreverentes clientes da Gateway Computers uma nova rodada de trabalho de criação e, no meio da apresentação, perguntei se eles queriam fazer uma pausa. Eles saíram da sala e nunca mais voltaram. Depois de esperar por quase uma hora, saí para procurá-los, e os encontrei sentados no escritório do CEO, fumando cigarros e olhando pela janela.

"O que vocês estão *fazendo* aqui?", perguntei.

"Fumando."

Eles me ofereceram um cigarro. Eu tinha parado de fumar 12 anos antes, mas aceitei. Eles pareciam estar olhando para algo interessante do lado de fora da grande janela, mas eu sabia que não havia nada de interessante em toda a cidade. Como eles mesmos sempre diziam, estavam sediados no pior lugar da América.*

O cigarro tinha um gosto horrível. Por que eu estava fumando novamente?

"Vocês vão voltar para a reunião?", perguntei.

"Não."

Então, surtei.

"Bem, vocês podiam ter dito isso há uma hora. Poderíamos ter pegado um voo mais cedo para longe deste buraco."

Há uma diferença entre agir com coragem e ser imprudente, uma distinção que eu não havia aperfeiçoado na época. Voltei para a sala de reuniões e disse à minha equipe que os clientes não iriam voltar. Pegamos todo o nosso trabalho e fomos em direção à grande *van* que tínhamos alugado, porque era uma viagem de *duas horas* até a civilização e o aeroporto mais próximo.

"Eles vão nos demitir", disse um dos jovens gerentes de conta.

Todos olharam para ele com aversão. Não brinca. É claro que eles iriam nos demitir. Paramos numa loja de conveniência para comprar cerveja e uns salgadinhos. Essa ideia foi o grande *insight* de Eric Keshin, dos seus anos de faculdade: o sal ajuda a reter líquido, então você não precisa ir ao banheiro com tanta frequência. Você só fica inchado. Eric era assim brilhante.

"Talvez eles *não* nos demitam", Eric disse, enquanto saíamos da loja. "Ah, espere um pouco", ele acrescentou, sarcasticamente. "Nossa *chairman* chamou a sede deles de buraco de merda. Estamos fritos."

* Isso foi antes de eles se mudarem para a sede atual, em Irvine, Califórnia. Definitivamente, um bom lugar.

"*Buraco*", eu disse. "Eu nunca falaria 'merda' para um cliente."

Compramos nossas cervejas e salgadinhos numa decadente loja de conveniência, e eu também comprei pão, frios e mostarda, para poder fazer sanduíches para todos durante a viagem de duas horas até o aeroporto. Eu sentia uma necessidade de cuidar dos outros.

A história da Gateway terminou mal. Depois de aumentar seus negócios durante três anos e quadruplicar seu valor de mercado com nossa estratégia de varejo agressiva e eficaz, fomos demitidos logo em seguida. Por *e-mail*.

A notícia correu rápido pela McCann em Nova York. De volta ao escritório, Eric e eu estávamos chateados na entrada do prédio, quando cruzamos com nosso chefe, John Dooner. Ele nos chamou até seu escritório.

"Então, vocês perderam a Gateway", ele disse, como se tivéssemos que ser lembrados disso.

"Sim", eu disse. "Às vezes você perde, às vezes você ganha." Eu podia dizer isso porque, na maioria das vezes, nós *conseguíamos* clientes para o escritório de Nova York, e Eric e eu tínhamos crédito de sobra. É uma das razões pela qual fui escolhida como *chairman*.

"Ela disse a eles que a sede era um buraco de merda", Eric disse a Dooner.

"Você disse isso mesmo?"

"Não. *Não*. Eu *não* disse isso. Eu nunca diria 'merda' para um cliente."

É preciso dizer a seu favor que Dooner estava aceitando tudo muito bem. A Gateway trazia muito dinheiro para a agência. Para nossa sorte, tínhamos conseguido um número inédito de novas apresentações nos últimos anos, e o negócio de 350 milhões da Gateway, embora significativo, seria substituído em pouco tempo. John Dooner sabia disso. Ainda assim, a maioria dos CEOs teria chamado seus gerentes mais antigos para explicar a perda de uma conta tão grande. Mas tudo o que Dooner queria mesmo saber era quão confiantes estávamos diante da perda.

"Então, o que aconteceu?"

"Eles fizeram um intervalo para ir ao banheiro, e não voltaram mais para a reunião", eu respondi.

"Merda", Dooner disse.

"Exatamente", eu disse.

Eric não estava falando muito. Ele estava bem furioso com toda a situação. Tinha investido muito tempo e emoções para fazer o negócio da Gateway decolar, e havia criado um modelo de anúncio de varejo que fez que os negócios da empresa disparassem.

"Em que isso afeta sua meta?", John perguntou para nós. Sempre atingíamos nossas metas no final do ano. Eric fazia isso acontecer. Alguns anos depois, John iria torná-lo diretor de operações da McCann Worldgroup.

Eric encolheu os ombros. "Vamos ficar bem."

E ficamos bem, mas dá para entender agora por que eu reluto em deixar clientes fora do meu campo de visão quando estou fazendo uma apresentação.

Então, intervalos sequer foram considerados durante aquela sangrenta reunião da Coca-Cola. Eu aguentaria. Graças a Deus, os clientes tinham acabado de almoçar naquela sala. Eles tinham um suprimento infinito de guardanapos de pano, e meu sangue encharcou cada um deles. Quando terminei a apresentação, nosso pessoal de criação apresentou todo o trabalho, mas não acho que eles tinham a atenção exclusiva dos clientes. Todos os olhos ficavam se voltando para mim, para observar o progresso do meu sangramento terminal.

Assim que tocaram a última canção, apresentaram a última ideia de comercial de TV, e os clientes fizeram o último comentário, meu nariz parou de sangrar. Juntamos todas as nossas coisas e, quando saímos, parecia que um elefante havia sangrado até a morte na mesa da sala de reuniões.

Não vendemos nenhum dos nossos trabalhos naquele dia. Sangrei por nada. E o que eu provei? Estava tentando ser corajosa. Tentando aguentar. Tentando agir como um homem. Se eu deixasse um pouco de sangue interromper minha missão, o que isso diria sobre mim? Não queria que ninguém soubesse que eu estava morrendo de medo de perder o negócio da Coca-Cola novamente – e, desta vez, sob o meu comando.

O que é coragem, afinal?

Para ser heroica, você não deveria temer consequências? Ou, como disse John Wayne, "Coragem é estar morrendo de medo, mas continuar mesmo assim". As pessoas que não têm medo não são nem de longe tão corajosas quanto aquelas que sabem que vão morrer, mas que, ainda assim, entram de cabeça numa batalha.

Em geral, descobri que, embora os machos alfa da McCann fossem destemidos, as mulheres alfa eram mais corajosas. Um bom exemplo disso ocorreu em 2000. Estávamos procurando uma grande oportunidade no varejo para nos acalmar depois de perder a chance de ter a conta da JCPenney. A oportunidade surgiu na forma de uma pequena e atraente loira chamada Julie Gardner. Na época, Julie era vice-presidente sênior de marketing da Kohl's. Ela estava procurando uma nova agência para cuidar de sua altamente bem-sucedida rede de lojas, que estava crescendo. Mas ela não queria fazer uma avaliação formal. Ela acreditava que, na escolha de uma agência de publicidade, relacionamentos eram tão importantes como os recursos, e achava que faria melhor uso de seu tempo simplesmente conhecendo os candidatos à sua conta para ver se eles lhe agradavam e se ela confiava neles.

"Eu queria focar em talento e química, e conseguir uma boa compatibilidade cultural", ela me disse. "Em vez de uma longa apresentação de proposta que não faria sentido e demandaria um monte de recursos desnecessários da parte de todos." (Dá para ver por que a amamos desde o começo.)

Ela estava certa. Uma avaliação formal pode levar até três meses, e, mesmo assim, nem sempre um cliente consegue as pessoas certas para o trabalho.

Então, Julie escolheu quatro ou cinco agências, com base na qualidade do trabalho que estava sendo feito para outros clientes, e na capacidade de lidar com uma conta grande como a da

Kohl's. Depois, agendou horários para que ela e algumas pessoas de sua equipe visitassem todas as agências. Ela deu seis horas para cada uma, e poderíamos usar esse tempo da maneira que quiséssemos.

Eric Keshin teve uma ideia brilhante. Ele acreditava que conseguiríamos conquistar Julie demonstrando nossa capacidade de resolver problemas com rapidez e nossa tranquilidade ao trabalhar sob pressão – duas qualidades vitais para ser bem-sucedido com contas de empresas de varejo. Seu plano era oferecer a Julie um "anúncio em um dia". Ele pediria que ela nos desse uma tarefa assim que chegasse, e nós demonstraríamos nosso raciocínio rápido e sem firulas, resolvendo o problema estratégica e criativamente antes que ela fosse embora. Isso significava que, em seis horas, teríamos de criar uma estratégia (o tempo normal é de duas semanas), pensar numa ideia criativa (normalmente, mais duas semanas), e fazer um *storyboard* (se pagarmos hora extra para os ilustradores, dá para conseguir em 24 horas). De jeito nenhum conseguiríamos fazer isso em apenas seis horas.

Os dois outros homens na sala eram os coordenadores de planejamento estratégico, Nat Puccio e Suresh Nair. Eles concordaram com Eric e acharam que essa era uma ideia brilhante. Além de mim, havia duas mulheres na sala: Marjorie Altschuler, nossa brilhante, porém apreensiva, diretora de novos negócios, e Joyce King Thomas, nossa estrela em ascensão e minha força número dois. Elas estavam tão aterrorizadas quanto eu. Como profissionais de criação, Joyce e eu tínhamos medo de que isso desvalorizasse o processo criativo. Primeiro, expusemos nossa opinião com calma, dizendo que era arriscado e desnecessário, mas não conseguimos dobrar Eric. Finalmente, nossos temores (e, quero acreditar, nosso bom senso) assumiram o controle da situação, e adicionamos um pouco mais de ênfase.

"VOCÊ FICOU LOUCO?", eu disse. "Vai ficar uma *merda*. Talvez seja possível pensar numa estratégia em seis horas, mas nunca faríamos um comercial. E por que você quer que eles pensem que conseguimos trabalhar tão rápido? Como eles irão respeitar o pro-

cesso criativo depois disso? O que eles vão esperar se conseguirmos a conta? *'Anúncios em cinco minutos?'* "

Nossa palavra final sobre o assunto foi enfática e teimosa.

"ISSO É TOTALMENTE INACEITÁVEL!"

Mas, no final, todos concordamos com a Grande Ideia de Eric. As mulheres estavam morrendo de medo de fracassar, mas concordamos mesmo assim. Os homens simplesmente deduziram que conseguiríamos, confiantes sem motivo aparente.

Então, Julie Gardner e sua equipe entraram em nossa grande sala de reuniões naquele dia fatídico, e propôs um problema: baixo movimento de clientes em Dallas e duas outras cidades-chave. Como poderíamos aumentar as visitas de clientes? Tivemos a ideia de uma estratégia baseada na posição única da empresa: a Kohl vende todas as principais marcas atuais, com grande estoque de modelos, cores e tamanhos, a preços ridiculamente baixos. É o lugar ideal para fazer compras quando você tem filhos pequenos e eles continuam crescendo (uma consequência direta de alimentá-los várias vezes todos os dias).

Em menos de uma hora pensamos na estratégia, graças ao nosso forte *insight*, que é sempre crucial para uma solução rápida e brilhante. Eu tinha levado meus três grandes sobrinhos adolescentes até a Kohl's na semana anterior, e, como os preços eram bons, deixei que eles comprassem o que quisessem (e havia muitas coisas que eles queriam). Foi muito bom poder dizer sim para tudo sem me preocupar com o preço. E foi isso que levou à ideia do "Uma cultura do sim". Quando você entra na Kohl's, encontra tudo o que está procurando por um preço tão bom que não precisa dizer não. Julie adorou. (Ela ainda hoje fala dessa estratégia.)

A execução criativa ficou simples e adorável. Não tínhamos tempo para desenhar figuras, então usamos filmes existentes para fazer um comercial "emprestado". Este é um comercial simulado que nunca pode ir ao ar, porque contém cenas de fontes existentes, como filmes e outros comerciais. Então, o editamos com música e nosso próprio texto. Dá ao cliente uma boa ideia de como ficará o comercial final.

Este comercial abria com *close-ups* das crianças mais adoráveis do mundo, com idade entre alguns meses e seis ou sete anos. Enquanto seus rostos aparecem um após o outro, escutamos uma ótima trilha sonora e a voz suave da redatora, que escreveu o comercial e era também atriz. Enquanto uma carinha linda aparece após a outra, a escutamos dizer: "Sim. Sim. Sim. Como você pode dizer não para isso? Quando vem à Kohl's, você nunca diz não". Depois, mostramos todos os itens de marca para crianças a preços ridiculamente baixos, e terminamos dizendo: "Todo dia há sempre algo novo na Kohl's, a preços que você não precisa resistir. Kohl's, onde a resposta é sempre sim". Terminamos o comercial com aquela fala e o seu logo:

Kohl's
A resposta é sempre sim

Uma semana depois, a Kohl's nos deu todas as suas contas. Julie disse que todas as agências eram boas, mas que nós fomos aquela na qual ela confiou. Ela acreditava que nós a levaríamos para um nível mais alto. E nós nunca a decepcionamos.

Mais tarde, Eric disse que nunca havia me prometido um comercial "acabado" para a Kohl's; essa era a minha ideia. Ele também queria saber se eu iria falsificar essa história neste livro para manchar sua imagem, mas admito que ele sempre teve mais coragem do que eu. Prefiro pensar que é porque a responsabilidade do produto criativo estava sobre meus ombros, e se eu fracassasse, minha humilhação seria muito mais pública que a dele, mas não tenho certeza de que esse era o único motivo. Eric admitiu que estava um pouco nervoso também, porém isso *não o impediu* de seguir em frente. Ele gosta de dizer que tinha total confiança em nossa capacidade como equipe de conseguir a solução instantânea, mas sei que na época ele apenas queria acreditar. Eu sei disso.

E isso me leva de volta à minha teoria sobre coragem: talvez homens não sejam mais corajosos que nós. Talvez eles *apenas ajam como se fossem*. Isso é possível? Podemos fingir que somos destemidas e, eventualmente, nos *tornarmos* destemidas? É uma profecia que se realiza sozinha? Acho que sim. Apenas precisamos continuar assumindo riscos. Pequenos no começo, e, se não morrermos, podemos assumir alguns maiores. Mas, como começamos?

É possível fingir confiança?

Bravata não é isso? Fingir coragem? À medida que ia aprendendo a ser mais como os homens com quem trabalhava, comecei a assumir riscos cada vez maiores. Mas agir com coragem é mais difícil do que parece.

É uma reação automática ao pânico diante do perigo. Somos apenas humanos, e o pânico costuma parecer *mesmo* o mais inteligente modo de ação. É por isso que temos adrenalina. Mas, quando fingimos confiança, temos que agir de forma anormal. Não é muito diferente de controlar um cavalo assustado.

Quando algo assusta seu cavalo, ele quer sair em disparada e fugir do perigo. Ele entra em pânico e fica histérico, pulando, dando voltas e relinchando, e você não tem certeza se ele sairá correndo e os levará até um lugar seguro. Você não quer que ele tenha o controle, porque talvez ele não perceba nem se importe com o fato de você ainda estar montada nele. Sua reação automática é puxar as rédeas, prender seus joelhos firmemente junto ao corpo do cavalo e se inclinar para a frente, caso precise se agarrar em seu pescoço e gritar em seu ouvido para ele *parar. Mas tudo isso é errado.* Você deve fazer exatamente o contrário. Em meio a medo e pânico absolutos, você deve agir contra sua intuição e *afastar* os joelhos para que o cavalo sinta que está *relaxada*. (Não é ridículo?)

A mesma técnica funciona no escritório.

Na McCann – assim como em qualquer outro negócio onde a pressão seja grande –, desenvolvemos pequenos truques para manter o pânico sob controle até que o cérebro entre em ação e consigamos resolver um problema. O meu é o truque "e daí", e eu o uso quando alguém me diz algo tão horrível que meu cérebro vira mingau. Posso pensar o que eu quiser, mas, não importa o que eu *diga*, sempre é precedido por "e daí?".

Um colega pode dizer:

"*AIMEUDEUS. Perdemos a conta global da Motorola para a Ogilvy.* [Uma perda de 200 milhões de dólares em gastos totais e entre 15 e 20 milhões em faturamento.] *Estamos fritos!* "

Posso estar pensando:

Meu Deus, isso é pior que morrer. Isso é simplesmente humilhante.

Mas vou dizer com calma e em voz alta:

"*E daí?* Podemos substituir 200 milhões de dólares em três meses."

Ou alguém pode me dizer:

"*AIMEUDEUS. O cliente acabou de cancelar nossa campanha, e ele quer algo totalmente novo até segunda. E hoje é SEXTA.*"

Posso estar pensando:

Droga, droga, droga. Nunca vamos pensar em nada bom até lá.

Mas vou dizer com calma e em voz alta:

"E daí? É por isso que Deus inventou os fins de semana. Teremos algo ótimo em dois dias."

Em ambos os casos, não estou diminuindo a importância de nossos problemas; só sei que precisamos de confiança para sair do buraco em que nos encontramos. O maior desastre é acreditar que somos perdedores.

Coragem simulada é uma boa arma para manter em seu arsenal. É útil nos negócios e em todos os outros campos de sua vida.

PARTE 3

O AR É RAREFEITO NO TOPO

Faça um exame de consciência. Você quer muito chegar ao topo de um clube do bolinha? E, quando chegar lá, você quer muito continuar lá? De que você abriria mão ao longo do caminho pelo sucesso? Pelo poder? O que irá sacrificar pelas pessoas que trabalham para você? Se for necessário distorcer a verdade para protegê-las, você o fará? Você sacrificaria algumas pessoas pelo bem da maioria? Você faria praticamente qualquer coisa (legal) para vencer? A maioria dos homens faz tudo isso e ainda mais. Mas você tem estômago para isso?

Se o seu objetivo é chegar ao topo, essas são as perguntas que precisam ser respondidas antes de você desistir de muitas coisas para chegar lá. E não se engane; terá que fazer sacrifícios. Mais do que jamais sonhou ser possível.

Tudo o que eu aprendi nos primeiros 18 anos de minha carreira em publicidade foi uma preparação para o emprego que eu sempre cobicei: comandar o departamento de criação de uma grande e importante agência de publicidade de Nova York. Até onde eu sei, nenhuma outra mulher conseguiu ocupar esse cargo.

Quando finalmente tive minha grande oportunidade, não foi nada do que eu havia imaginado. Nunca sonhei que, depois de lutar tanto para conseguir o emprego, teria que lutar ainda mais para mantê-lo.

É uma lição dolorosa para qualquer um, porém é ainda mais difícil para mulheres. É quase como se usássemos toda a nossa energia para chegar ao topo da montanha, e ficássemos psicologicamente enfraquecidas quando chegássemos lá.

Apenas lembre-se de que o topo dessa escada é perigoso. É instável, você está sozinha, e o ar é tão rarefeito que você mal consegue respirar.

Mas se você conseguir chegar lá e aprender a respirar fundo, as recompensas por liderar um clube do bolinha são enormes, e não se parecem com nada que você já viveu.

E pode ser muito divertido. Se você conseguir se manter viva.

11

COMO VENCER ESTRATEGICAMENTE HOMENS COM CARGOS MAIS ALTOS

Às vezes, queremos subir uma montanha simplesmente porque ela está lá e achamos que podemos chegar ao topo sem nos matarmos. Mas há sempre um preço a pagar se você quer se sentar no topo do mundo. Sempre. Pode ser sua saúde, sua felicidade, seus filhos, seu casamento, ou, se não for nenhuma dessas coisas, será sua paz interior e talvez até um pouco de sua integridade. Às vezes, pode até ser forçada a violar seu próprio código pessoal para chegar lá. Você precisa pensar sobre essas coisas antes de correr em direção ao cume.

Por exemplo, enquanto está escalando em direção ao topo, o que você faz quando se vê trabalhando para um homem mau? Uma hora vai acontecer. Como lida com alguém que você não respeita, em quem não confia e do qual nem mesmo gosta? E se ele representar um perigo para o resto do escritório, e ninguém estiver em posição de detê-lo? E se ele não for *digno* do esforço da sedução e da manipulação? Tenho apenas um conselho nessas circunstâncias: encontre outro emprego.

Mas, e se a situação não for tão preto no branco? O que irrita em seres humanos são nossas incômodas nuances, que tornam decisões claras tão difíceis. E se seu chefe também for muito esperto? E se ele for bipolar e malvado apenas metade do tempo? Você consegue lidar com o fato de ter que adivinhar qual de suas múltiplas personalidades irá aparecer no escritório a cada dia? Seu lado bom compensa o sofrimento causado pelo seu lado negro? Se você é impotente para fazer algo a respeito diante de uma pessoa como essa, e se trabalhar para ela a faz sofrer, então você deve encontrar outro chefe. A vida é muito curta para sofrer com tolos ou sacanas. Porém, se o seu maior problema não for o chefe, mas outra pessoa na cadeia alimentar que ocupe um cargo mais alto que você e tenha poder para tornar sua vida um inferno?

O que você faz nessa situação?

E se você estiver numa posição em que possa mudar o *status quo?*

O que você faz?

Pense antes de agir

É sempre boa ideia discutir grandes decisões com alguém, como um colega ou parceiro, que queira o melhor para você e possa colocar as coisas em perspectiva. Mas, às vezes, você quer tanto uma coisa que não escuta ninguém, nem mesmo seus instintos.

Seria mais gratificante para mim se eu pudesse reescrever a história e dizer que sempre fiz minha lição de casa antes de aceitar um emprego, mas, quando aceitei o principal emprego de criação na McCann Erickson, ignorei todos os sinais de alerta que apontavam para um desastre. Achei que estava voltando para um lugar que me era muito familiar, porque já conhecia a cultura e todos os personagens principais. Mas a cultura havia mudado desde que sairia da McCann em 1991 para ir para a JWT, e os novos personagens-chave eram praticamente estranhos para mim. Isso ficou claro antes de eu aceitar o emprego, mas eu não achava que isso tinha importância.

O primeiro sinal de alerta veio antes mesmo de eu negociar meu contrato. Meu marido e eu tínhamos vindo para Nova York para encontrar os dois homens que seriam meus "parceiros", Peter Kim e Jim Heekin. Eu os conhecera quando trabalhávamos na J. Walter Thompson (eles eram a força motriz do escritório da JWT em Nova York, enquanto eu era diretora de criação da JWT/Chicago). A McCann contratou Peter em setembro de 1993 para ser vice-*chairman* do Worldgroup e diretor de estratégia. Jim foi contratado mais ou menos na mesma época para ser diretor regional na América do Norte, e estava claro que ele era um candidato para substituir o CEO John Dooner – não imediatamente, mas depois de um tempo.

Meu marido e eu tínhamos marcado um encontro com eles e suas respectivas esposas para um jantar agradável. Era uma tentativa de Dooner de nos fazer trabalhar como equipe desde o começo. Deveríamos nos dar bem.

Mas, quando chegamos ao restaurante, apenas Jim e Peter estavam lá, e era óbvio que eles estavam esperando havia algum tempo. Parecia que Peter tinha bebido – pelo menos, era o que eu esperava na época –, porque uma pessoa totalmente diferente havia substituído o calado garoto-prodígio que eu conhecera na JWT. Este Peter Kim estava irreconhecível para mim. Ele ficou falando alto, dizendo que nós três tínhamos que iniciar uma batalha na McCann. Tínhamos que *destruir* todos que se opusessem ao seu grande plano.

Ele gesticulava cada "matar" ou "morto" com golpes de caratê no ar, e depois batia com a mão na mesa para dar ênfase. Todos os talheres pulavam cada vez que ele batia na mesa, e logo as pessoas em volta pararam de conversar umas com as outras e ficaram olhando para nós. Brian e eu estávamos chocados. Felizmente, depois de quase meia hora desse comportamento agressivo, o dono do restaurante veio nos salvar. Ele nos colocou para fora. Ele disse que estávamos perturbando os outros clientes, e fomos convidados a nos retirar.

Peter deixou meu marido tão atônito que, no caminho para o hotel, ele deduziu que eu nunca trabalharia para uma empresa que contratasse alguém como aquele Peter Kim que tínhamos visto. Anos depois, Brian diria que duas coisas o fizeram mudar de opinião: a primeira aconteceu logo na noite seguinte. Jantamos com John Dooner, e Brian saiu do jantar entendendo por que eu confiava em John e me importava tanto com ele. A segunda coisa foi algo que eu disse para Brian depois que deixamos Jim e Peter no restaurante, quando meu marido estava determinado a me salvar de mim mesma e me levar de volta para Chicago.

"Não se preocupe", eu disse. "Peter não vai estar aqui em 12 meses."

Não era porque eu tentaria sabotá-lo. O que eu quis dizer é que conhecia a cultura da McCann (surpreendentemente bondosa para um clube do bolinha), e ela nunca permitiria que alguém como Peter durasse muito tempo. Eu sabia que Peter seria pego pelo temperamento ou forçado a sair.

Então, aceitei o emprego. Mas, mesmo com aquele primeiro encontro martelando na minha cabeça, eu estava totalmente despreparada para o que me esperava quando retornei ao escritório familiar de minha *alma mater*. E não foi só isso, pela primeira vez em minha carreira, fui colocada para trabalhar ao lado de um homem que eu não queria seduzir e que eu não tinha ideia de como manipular. Fiquei totalmente desorientada quando passei pela porta em 9 de novembro de 1994, como a primeira mulher diretora-executiva de criação da McCann/Nova York. Nos três anos em que estive fora, uma agência totalmente diferente tinha se formado, e não era uma visão bonita. Se a J. Walter Thompson/Chicago era um emprego perigoso em 1991, a McCann em 1994 era o Armagedom. Parecia até uma zona de guerra, e as pessoas estavam saindo aos rebanhos – pessoas boas, aquelas que você não quer perder. O êxodo vinha acontecendo havia dois anos, e, no meu primeiro dia, havia três festas de despedida planejadas para os desertores mais recentes do departamento de criação.

Parte do problema estava relacionado à Coca-Cola. Enquanto eu estava em Chicago, a marca que havia definido a reputação criativa da McCann deixou a agência. A Coca-Cola tinha demitido a McCann na América do Norte, e não éramos mais conhecidos como "a agência da Coca". Quem éramos agora? A agência estava sem perspectivas, sem ímpeto, e estávamos totalmente esquizofrênicos. Tínhamos nos tornado uma casa dividida e, o que é pior, um campo armado. Eram Jim e Peter contra o resto da McCann, que incluía um pequeno, mas corajoso, grupo que queria os dois fora. Esse grupo acreditava que Jim e Peter ainda traziam o preconceito arraigado que a J. Walter Thompson tinha pela McCann. As pessoas na JWT sempre se referiam à McCann com uma empresa de "gângsteres da publicidade", e diziam que a agência estava no ramo de lucros, não de publicidade. As pessoas na McCann achavam que a JWT não tinha caráter. Bela maneira de começar um relacionamento.

No meu primeiro dia, Marjorie Altschuler entrou toda histérica em meu escritório. Jim havia contratado esse dínamo de 1,50 metro e 40 quilos para ser a diretora de novos negócios. Ela era um redemoinho inflexível de energia e ansiedade. O fato de que eu acabei adorando essa mulher é uma indicação de quanto sua bondade e talento inatos superavam sua ansiedade indomável. Ao longo dos anos, transformamos seu nome em verbo. Dizíamos "Fomos Marjorizadas." Isso queria dizer que ela nos tinha deixado exaustos, e que agora faríamos o que ela quisesse. Era uma tática que funcionava para ela. Até hoje, sou louca por ela, mas em nosso primeiro encontro, não visualizei uma amizade duradoura.

Ela entrou em meu escritório carregando duas sacolas de compra cheias de fitas de vídeo. Ela estava aborrecida e nervosa.

"Não consigo montar um portfólio para uma nova apresentação", ela disse, calmamente no começo. Depois, com menos calma: "EU NÃO CONSIGO MONTAR UM MALDITO PORTFÓLIO."

"Isso é ridículo", eu disse. Mostrar a um cliente em potencial o portfólio da agência é essencial para se conseguir novas contas, e sem um portfólio de nosso melhor e mais *recente* trabalho, não temos a mínima chance de ser incluídos em uma avaliação para novas contas.

"Preciso de dez bons comerciais", Marjorie disse, praticamente aos prantos, e jogou as sacolas em minha mesa. Elas estavam lotadas com a produção dos últimos 12 meses para TV. "Ache três que eu possa usar e você é um gênio."

Passei a noite toda vendo os comerciais de TV da agência. Como só podia incluir trabalhos de clientes atuais, tinha que eliminar nosso melhor trabalho com a Coca. Achei um bom comercial, um para a AT&T que foi produzido brilhantemente. Trapaceei e incluí outro comercial que eu adorava, embora tivesse quase três anos. O comercial era fofo demais e sempre deixava todos com um humor bom e receptivo para o resto do portfólio.

Abria com um pequeno filhote de shar-pei, totalmente envolvido naquelas dobras características. Ele está sentado quieto num travesseiro. Enquanto uma voz apresenta um novo ferro a vapor da Black & Decker, a tela se enche de vapor. Então, a voz diz que esse ferro tem tanto vapor que tira até os amassados mais difíceis. Conforme o vapor vai sumindo, vemos um filhote shar-pei com a pele sem dobras. Cachorrinhos e crianças. Sempre funciona. Abri todo portfólio com esse comercial por dois anos, até encontrar algo melhor. Na primeira vez em que mostrei o portfólio da agência sem o comercial do shar-pei em uma reunião de novos negócios, todos aplaudiram. Significava que finalmente tínhamos parado de viver no passado.

Mas, no meu primeiro dia no emprego, tínhamos um portfólio com dois comerciais. Um começo não muito animador. Pensei em outras maneiras de conquistar um cliente em potencial. Talvez pudéssemos usar nosso charme. Mas será que tínhamos isso? Parecia que as pessoas ali sequer gostavam umas das outras; como poderíamos mostrar nosso encanto juntos?

Na minha primeira semana, estava oficialmente atordoada. Como a McCann chegou a este àquele lamentável?

Para começar, fazia dois anos que o escritório não tinha um diretor de criação em tempo integral. O vice-*chairman* da McCann Worldgroup e diretor mundial de criação, Marcio Moreira, teria sido um ótimo candidato para o emprego em Nova York se quisesse um rebaixamento, e ele até tentou manter as coisas funcionando. No entanto, ele tinha literalmente o mundo em seus ombros, e estava constantemente num avião para apagar incêndios ao redor do globo.

Marcio precisava de um diretor de criação sólido para Nova York, mas depois que a Coca foi embora, o emprego perdeu seu brilho, e estrelas da criação não queriam trabalhar na ex-agência da Coca. Não sabia o que estava pior, nossa reputação criativa ou o moral no escritório. E os rumores nas ruas não ajudavam nossa autoestima.

"Sua mulher sabe no que está se metendo na McCann?"

Meu marido, que também trabalha com publicidade e estava fazendo entrevistas para um emprego em Nova York na época, ouvia esse alerta de todo entrevistador.

"O lugar é um inferno. Ninguém quer trabalhar lá."

Eu jurava para meu marido que a McCann, seguramente, *não* era um inferno. Marcio, John Dooner e Eric Keshin estavam lá, e eu confiava nesses três homens. Também achava que sabia por que eles me queriam de volta, além da distinta possibilidade de que ninguém quisesse o emprego.

Em primeiro lugar, eu era uma entidade conhecida tanto para John Dooner quanto para Jim Heekin. Dooner me via como uma pessoa da McCann (ele sempre se referiu aos meus três anos em Chicago como um "período sabático"). E Heekin me via como uma pessoa da JWT, depois de ver como Steve Davis e eu revitalizamos o escritório de Chicago. Eles esperavam que eu pudesse fazer a ponte entre essas culturas bastante distintas e unir os dois grupos que estavam em guerra. Em 1994, a distância entre eles já era grande, e estava aumentando a cada dia.

O segundo motivo é o que eu mais adoro: a McCann precisava de algumas fêmeas alfa. Uma alta executiva do conselho de administração de um cliente grande e global da McCann havia dito a John Dooner que ele precisava de "algumas boas mulheres no topo desse clube do bolinha".

O terceiro motivo era que Dooner me amava. Sempre amou. Sempre irá amar. Ele sabia que eu era mais uma pessoa em quem ele poderia confiar absolutamente.

Minha primeira ordem do dia foi tomar o controle das mãos daquele que vinha brincando de diretor de criação antes de eu chegar, e que ainda pensava que era mais qualificado para o emprego do que eu. Eu tinha que superar taticamente Peter Kim, um homem que não apenas detinha uma posição mais alta do que a minha (assim como Marcio, ele era vice-*chairman* de todo o Worldgroup, não apenas de Nova York), mas que era também um habilidoso estrategista maquiavélico. Ele mantinha uma antiga espada chinesa em seu escritório e sua bíblia era *A arte da guerra*, de Sun Tzu. Ele estava com o livro o tempo todo.

Como vice-*chairman* e diretor de estratégia do Worldgroup, Peter era um dos homens mais poderosos em toda a rede global da McCann Erickson. Ele fora trazido como "agente de mudança" e recebeu carta branca para fazer o que fosse necessário para melhorar a reputação criativa da agência. Nos 14 meses em que esteve lá sem um diretor de criação dedicado e em tempo integral, seu foco principal foi conseguir de volta a cobiçada conta da Coca-Cola. Mas, tendo fracassado nesse intento, voltou suas atenções para a construção de sua base de poder.

Nessas circunstâncias, era fácil entender por que Peter acreditava que *ele* era o verdadeiro líder de criação da agência, e, naturalmente, deduziu que tinha poder suficiente para passar por cima da autoridade de uma recém-contratada, ainda mais de uma simples mulher. Eu sabia que, como eu tinha fama em Chicago de ser uma líder que cuidava das pessoas e colaborava, ele pensaria que eu seria ingênua. Embora este fosse um grande engano, um erro de julgamento ainda maior era sua convicção de que poderia controlar o produto criativo da agência uma vez que eu estivesse lá. Mas, em termos de problemas, este era apenas uma gota no oceano. Primeiro, eu tive que sobreviver aos primeiros seis meses do pior ano de minha vida.

Como mulher, uma que nunca tivera que confrontar um homem como esse antes, eu não estava preparada ou treinada para entrar numa batalha contra alguém como Peter. E, ainda assim, as pessoas que mais nos ameaçam quando atingimos esses níveis superiores são homens como ele. Quando chegamos ao topo, precisamos de poderes ainda mais fortes de sedução e manipulação, e precisamos de algo mais: a capacidade de lutar contra esses homens sob as condições deles, e de agir como eles até um ponto em que nos sentimos incomodadas. Mas você não conseguirá seduzir e/ou manipular os garotões se for sensível.

Quando aposta alto assim, a necessidade de entender seus adversários assume um significado totalmente novo. Uma coisa é seduzir e manipular os homens que trabalham com ou para você, porém é um jogo totalmente novo controlar homens que ocupam cargos mais altos que o seu. Isso é especialmente verdadeiro se você não está subordinada a eles, porque, nesse caso, eles não têm motivos para orientar ou apoiá-la. Eles não a contrataram e nem sequer a herdaram. Você não é a pessoa *deles*. Em Chicago, os homens que, inicialmente, não gostavam de mim não tinham cargos mais altos que o meu. Usei sedução e manipulação para conquistá-los porque precisava deles e não era possível eliminá-los sem dizimar a agência. O escritório da McCann em Nova York era diferente. Eu tinha bastante apoio que vinha de baixo. Eram as pessoas no topo que me preocupavam.

Como mulher, seus instintos sempre serão muito valiosos, e você provavelmente saberá identificar rapidamente aqueles que não a apoiam, mas quando se está no topo de uma organização, precisa ter certeza, sem sombra de dúvidas, de quem são seus inimigos. Já vi mulheres fracassarem nesses altos cargos, e quando a história é revelada, é sempre porque elas não usaram seus instintos ou habilidades femininas para *decifrar a maldita sala*. À medida que vamos conseguindo essas posições de poder e influência, corremos o risco de nos tornarmos arrogantes como os homens. Não deixe que isso aconteça com você. Não acredite no que escrevem sobre você, tome cuidado e não seja presunçosa.

Respeite o poder de seu adversário

Faça uma boa avaliação do poder de seu adversário na empresa. Esse poder é real ou imaginário? Quem o escuta? Que danos ele pode lhe causar? Caminhe com cuidado enquanto recolhe essas informações. Se começar a sair demais do rumo, não terá para onde ir quando quiser aumentar as apostas. Então, comece discretamente. Nunca se sabe, sutileza pode funcionar. De qualquer forma, Peter era importante demais para ser derrubado em apenas um assalto. Era, de longe, muito mais fácil tentar conquistá-lo do que se livrar dele. Além disso, ele era esperto. A agência precisava dele. Poxa, *eu* precisava dele.

Embora tivesse noção do desrespeito de Kim por quase todo mundo na McCann, tinha que dar a ele uma chance de interagir diretamente comigo. Depois do incidente do restaurante, a outra indicação de que esse homem era um problema aconteceu durante minha primeira semana no emprego, quando ele revelou seu Grande Plano Criativo para mim. Ele veio ao meu escritório com notícias animadoras.

"Precisamos inovar", ele disse. "Operar de um jeito que nenhuma outra agência ousaria tentar. Temos que ser arrojados e destemidos."

Apenas um tolo discordaria dessa lógica.

"Estive pensando em como faria barulho e *renderia notícia*", continuou, "ter diretores de criação convidados". Peter adorava fazer a agência – e ele mesmo – aparecer na imprensa. Ele vivia para isso.

"O que você que dizer?", perguntei, olhando para todas as caixas que eu ainda não tinha esvaziado em meu escritório.

"Diretores de criação convidados", ele repetiu. "Nós os traríamos como *freelancers* para propostas de novos negócios, escolhendo a dedo os mais habilidosos para aquela determinada conta. Brilhante, não acha?"

Aquilo me ofendeu muito, mas isso não importa. Não seria prático. Se conseguíssemos uma conta com um diretor de criação *freelance*, os clientes esperariam que essa pessoa cuidasse do negócio deles, ou que pelo menos tivesse algum impacto no trabalho. Se essa pessoa não trabalhasse de verdade para nós, isso seria um problema. Este era um plano que não havia sido muito bem pensado.

Depois, Peter mostrou uma lista de diretores de criação famosos; a maioria deles não ocupava mais o cargo de diretor de criação porque não conseguia contas novas.

Pensei na melhor maneira de responder a Peter, algo enfático e diplomático para que nossa relação começasse com o pé direito. Algo como:

"De jeito NENHUM!"

Eu sequer tinha acabado de desencaixotar minhas coisas, e ele já tinha certeza de que eu não conseguiria fazer o trabalho. Eu disse a ele que eu era a diretora de criação do escritório de Nova York e que comandaria todas as propostas de novos negócios, assim como tomaria todas as decisões criativas para o escritório. Isso não era negociável, disse a ele. Ele pareceu aceitar minha determinação, porque não respondeu. Mas lembre-se de seu treinamento com homens: não é o que você diz que é importante, é o que eles *ouvem*.

É muito perigoso bater de frente com um alto executivo de uma empresa, principalmente se você é mulher. Você precisa ter certeza de que tem poder e influência suficientes para se proteger e de que tem coragem para usá-los quando a necessidade aparecer. Depois, deve ter absoluta certeza de que essa pessoa é um caso perdido. *Não leve para o lado pessoal.* Você pode acabar sacrificando uma peça-chave da empresa só porque escutou o veneno de outros ou porque simplesmente não gostava da pessoa.

Quando você tem as rédeas nas mãos, no entanto, não pode se dar ao luxo de agir de acordo com as emoções. Você tem uma empresa a considerar. Mas faça anotações.

Faça um diário das reclamações, com data e hora, só para o caso de precisar um dia. Você também deve ter certeza de que está fazendo a coisa certa e de que suas ações são para o benefício de toda a organização. Eu precisava ter certeza de que o vice-*chairman* da McCann Worldgroup era um perigo real para o escritório de Nova York, e não apenas para mim. Era um método difícil de aceitar, mas era a coisa certa a fazer, embora todas as partes do meu corpo quisessem apenas que ele fosse embora.

Para piorar as coisas, havia nuances em Peter. O jovem que eu tinha conhecido na JWT era inteligente e esperto. Na McCann, no entanto, embora ainda fosse jovem aos 35 anos e esperto como um cientista espacial, havia se transformado num ditador. Nos primeiros meses de nossa relação, tive a sensação de que os problemas de Peter não eram controláveis ou curáveis. Simplesmente estava em sua natureza ser impaciente, grosseiro e arrogante, traços emocionais geralmente atribuídos a gênios. Talvez ele fosse inteligente demais para liderar um negócio em que a colaboração é fundamental.

Em nosso primeiro ano juntos, houve muitos problemas que levaram à gota d'água. Minha tolerância surpreendentemente alta com "estrelas" rebeldes – algo que desenvolvi comandando departamentos de criação – era ainda mais alta com Peter Kim, porém, no final, ficou claro que um de nós teria que sair.

Nossa relação foi um desastre desde o começo. Ao final de minha primeira semana no emprego, fui a uma reunião na AT&T para tentar ganhar a conta de outra parte de seus negócios. Ainda tínhamos a divisão empresarial, mas queríamos mais. Como eu tivera uma forte relação com o pessoal da AT&T no passado, pediram que eu participasse desse encontro, embora eu não tivesse supervisionado as ideias criativas.

Quando chegamos à sala de reuniões dos clientes, em New Jersey, descobrimos que, sem conhecimento de ninguém, Peter havia convidado outra empresa para participar da reunião. Enquanto nos preparávamos para a apresentação, dois belos jovens – outra fonte criativa, soubemos depois – estavam sendo apresentados. Eles inclusive tiveram vinte minutos, em uma agenda já lotada, para apresentar suas ideias – que ninguém, além de Peter, tinha visto antes. Nem o diretor de criação que tinha feito todo o trabalho para a McCann, nem mesmo Eric Keshin, que era o principal executivo cuidando da conta da AT&T na época. Todos ficaram irritados, mas ninguém fez nada a respeito, pelo menos não que eu saiba.

Ah, e nossa apresentação não foi boa, mesmo com aquela ajuda de fora. Não conseguimos a conta.

Meu segundo desentendimento com Peter não foi uma gota d'água, mas um balde inteiro.

Estávamos perto de conseguir a conta dos eletrodomésticos Whirlpool. Era uma grande chance de trazer faturamento adicional para o escritório de Nova York, e todos estavam tensos. Eu estava no emprego havia mais ou menos três meses.

Naquele ponto, eu já sabia que a única pessoa de criação em quem Peter Kim confiava era Jonathan Cranin, um cara esperto e criativo que Jim Heekin havia contratado um ano antes de eu chegar. Jonathan era a grande esperança de Jim e Peter para conseguir novas contas, já que todos os outros na McCann não prestavam, segundo eles. Esses três estavam sempre saindo para beber juntos e fumavam grandes e fedidos charutos em seus escritórios.

Então, escolhi Jonathan Cranin como diretor de criação designado para trabalhar comigo na Whirlpool. Achava que nós dois conseguiríamos manter Peter Kim sob controle. Mas eu estava errada.

Enquanto nos preparávamos para a apresentação final, Jonathan tinha umas três campanhas bem boas, e me senti confortável com nosso progresso. Mas Peter estava preocupado. Ele tomou por conta própria a decisão de contratar uma equipe de criação *freelance* para ter mais ideias "não convencionais". Fiquei sabendo disso às dez horas da noite anterior à apresentação, quando a equipe *freelance* e Peter vieram até meu escritório para mostrar seu trabalho.

Nossa estratégia era modernizar a marca Whirlpool, vista na época como sólida mas antiquada, e impressionar as pessoas com o pensamento inovador que estava por trás da nova linha de produtos da marca. A equipe *freelance* – que eram na verdade duas pessoas muito legais e talentosas – teve uma ideia que deixara Peter em êxtase. Sua campanha girava em torno de jovens casais que estavam montando a primeira casa. Cada comercial mostrava um pedaço de suas vidas e a maneira como eles interagiam com os eletrodomésticos Whirlpool. Fiz um gesto afirmativo com a cabeça, embora parecesse tremendamente chato.

"O que faz que isso não seja entediante", eles disseram, "é o fato de todas essas pessoas estarem sem a parte de cima da roupa."

Eles fizeram uma pausa para ver minha reação. Tentei não demonstrar nenhuma expressão, mas, como eles não prosseguiam, perguntei:

"O.k., eu desisto. E por que eles estão sem a parte de cima?"

"Porque", eles disseram, "isso é *verdadeiro e honesto,* é assim que jovens recém-casados andam pela casa."

"Eles provavelmente também fazem sexo oral na mesa da cozinha", eu disse. "Estamos mostrando isso nos comerciais também?"

Estavam nitidamente insinuando que eu não conseguia entender esse público-alvo jovem. Eles queriam dizer que eu era muito velha para ter qualquer coisa em comum com os jovens de vinte e poucos anos que comprariam esses eletrodomésticos.

"Nós chegamos a *falar* dos eletrodomésticos?", perguntei.

"Não", eles disseram. "Não exatamente."

"Não *exatamente*?"

"Mas nós os vemos *usando* os eletrodomésticos", Peter contribuiu. "É tudo muito *real*."

"Eu sei", eu disse. "*Parece* real. E eu sei que estou sendo curta e grossa, mas a reunião é *amanhã* com um bando de gerentes de produto do *Meio Oeste*, e creio que eles vão ter um problema com *nudez*, sem contar o fato de que *nunca vemos os eletrodomésticos ou falamos sobre eles*. Pelo menos, não *exatamente*."

"Bem, nós também nunca vemos seios exatamente", disse a redatora de aparência doce. Ela estava tentando ser otimista. "Nós os filmaríamos de costas... É claro."

"É arrojado", Peter insistiu. "As pessoas vão notar."

A essa altura, já 10h30, e eu preciso de ajuda.

"Jonathan viu isso?", pergunto.

"Sim. Ele adorou."

O.k. Agora eu sei um pouquinho sobre Jonathan Cranin. Se ele gostasse mesmo dessa campanha, teria vindo aqui para apresentá-la, para ficar com um pouco do crédito. Em vez disso, estava enfurnado em seu escritório, a dois andares de distância. Ligo para ele e ele vem até nossa reunião com uma aparência de dar pena.

"Você acha que essa é uma boa ideia?", pergunto.

Ele dá de ombros e diz que, vendo a ideia de todo o trabalho, pode ser interessante.

Isso significa que ele odiou.

Às 10h45, reprovo a campanha dos *freelancers*. Peter diz que eu não posso fazer isso. Eu digo que ela está morta.

Jim Heekin é chamado para a briga, e ele chega a meu escritório às 11h. Ainda temos um ensaio para fazer durante toda a noite e eu estou preocupada e exausta. Jim ouve a campanha, e parece ter entrado em choque, porque está literalmente mudo.

Peter deduz que isso significa que Jim não tem nenhum problema com o trabalho. Para falar a verdade, eu também pensei isso. Com minhas celebradas habilidades de negociadora se esgotando, quebrei a Regra Fundamental da Confrontação Masculina: nunca conteste em público um homem com cargo importante. E digo a todos:

"Deixe-me tornar as coisas mais fáceis para todos vocês. Esse trabalho será apresentado na reunião da Whirlpool amanhã... *SOBRE O MEU MALDITO CADÁVER!!!*"

Eis um bom exemplo de quando usar a raiva. Conversar educadamente não estava funcionando, estava ficando tarde e não havia tempo para seduzir ou manipular. Em minha fúria, não apenas ergui a voz, mas também me esqueci de usar termos mais politicamente corretos.

Ensaiamos a noite inteira e, como sempre, tínhamos material demais para as duas horas que nos reservaram nessa reunião. Mas não reduzimos o conteúdo quando isso acontece, só pedimos para todos falarem mais rápido. (Como se isso fosse realmente funcionar. Como se isso já tivesse funcionado *alguma* vez na história da publicidade.)

No dia seguinte, fizemos a apresentação para a Whirlpool. Peter e seu parceiro gastaram uma hora e 15 minutos para apresentar a estratégia, em vez dos 15 minutos reservados a eles. Ficamos sem tempo e nunca apresentamos a terceira campanha criativa, as recomendações de mídia ou as ideias de mídia não tradicional que nossa equipe de gerência de contas tinha se esforçado tanto para criar. E não tivemos tempo para a importante rodada de perguntas e respostas dos clientes.

Também não conseguimos aquela conta.

As gotas estão se acumulando.

Nosso embate seguinte foi mais uma afronta pessoal a mim. Eu sei que não é sábio tornar pessoal uma briga com os garotões, mas só porque somos mulheres não significa que temos mais do que duas faces para baterem. Não somos capacho, certo? Se o desrespeito é direcionado a você, se o garotão está fazendo algo especificamente para prejudicá-la ou desacreditá-la, você não pode ficar quieta. Eu sempre ouvi a frase "Não deixe que os sacanas a derrubem", mas chega uma hora em que você tem que *derrubar* um, não importa quão doloroso isto seja.

O terceiro insulto de Peter aconteceu quando estávamos paquerando a conta dos hotéis e resorts Marriott. Peter e sua equipe de planejamento estratégico tinham encantado esses clientes com uma brilhante pesquisa e *insights* sobre quem viaja a negócios. Peter tinha mesmo feito um ótimo trabalho cativando esses clientes, e seu raciocínio surpreendeu o pessoal de marketing da Marriott. Eles confiavam nele de verdade. Depois, descobri que seus dois "assistentes" – Nat Puccio e Suresh Nair – tinham feito a maior parte do trabalho.

A apresentação final foi agendada para uma terça. A cinco dias da apresentação, ainda não tinha visto a estratégia criativa de Peter, embora outros a tivessem visto e comentado sobre ela. Finalmente, três dias antes da apresentação, no final da noite de um domingo, Marjorie Altschuler me passou em sigilo a estratégia e implorou para que eu não contasse a Peter. Ele era tão tirano que até Marjie, que tinha uma longa história com ele na JWT, não queria despertar sua ira.

"Deixe-me ver se entendi direito, Marjie", eu disse. "A diretora de novos negócios está *vazando* a estratégia criativa para a diretora-executiva de criação *três DIAS antes da apresentação*? Eu sou a única que acha isso *ABSURDO???*"

Quando fizemos a apresentação na terça seguinte, os clientes adoraram a estratégia, mas odiaram a parte de criação. Prometi que, se eles nos dessem a conta, eu contrataria uma estrela e lhes daria uma ótima campanha. Conseguimos a conta. Contratei Joyce King Thomas, e ela lhes deu uma campanha inovadora que virou motivo de inveja para todos os outros hotéis na categoria do Marriott. E isso era fato. A própria concorrência nos disse.

Depois disso, pelo menos tínhamos uma bela campanha para colocar no nosso portfólio, mas tomei uma decisão crucial: não trabalharia mais com Peter. Agora, eu precisava de uma estratégia para tirá-lo de minha vida e de "minha" agência.

Se você não consegue resolver as coisas com um superior e não quer ir embora, pode esperar o problema se arrastar até você apodrecer, mas isso não irá ajudá-la em seu dilema e apenas toma um tempo valioso. Confie em seus instintos; você provavelmente estará certa. Assim que estiver relativamente segura de que a situação é insustentável, entre em ação.

Primeiro, seja honesta e, *depois*, seja astuta. Seja direta sobre o que a está incomodando e veja se somente isso irá resolver a situação. Pode ser que dê certo, e pode ser que chova canivetes. Mas não vá a nenhuma reunião sem algumas cartas na manga.

Após o episódio do Marriott, todos perceberam que Peter e eu não poderíamos coexistir no mesmo escritório. Pedi uma reunião com Peter e Jim Heekin, e os fiz acreditar que pediria demissão. Estava blefando.

Eu sabia que nem Jim, nem Peter queriam que isso acontecesse, embora tivesse certeza de que este ficaria emocionado em me ver desaparecer da face da Terra. Todos sabíamos que John Dooner ficaria furioso com *todos* nós por não conseguirmos fazer essa parceria dar certo, e seria um constrangimento enorme para a agência perder, em menos de um ano, sua primeira diretora de criação do sexo feminino. Afinal, eles tinham tentado preencher a vaga durante dois anos, e, quando me contrataram, todas as minhas entrevistas na imprensa eram sobre como eu amava a McCann e queria voltar. Se eu fosse embora em menos de um ano, seria a prova de que *nenhum* diretor de criação conseguiria trabalhar na agência, nem mesmo alguém que amasse tanto o lugar como eu. Tinha os dois em minhas mãos, e sabia disso.

Também tinha duas outras vantagens, tomando por base meu relacionamento com John Dooner. Eu sabia que John nunca descarregava sua frustração em mulheres, e ele raramente ficava bravo com pessoas de criação. Dois pontos a meu favor.

E, finalmente, entendia completamente a filosofia "mosaico" de John. Ele colocava pessoas com habilidades únicas em papéis específicos, e ele precisava que todos trabalhassem juntos para manter o mosaico unido. Ele tinha pouca paciência com pessoas que não fizessem sua parte no seu grande desenho, e menos paciência ainda com pessoas que tentassem sabotar as pessoas que eram fiéis a ele. E eu era, definitivamente, uma destas pessoas.

Então, como ninguém fugiu desse "confronto", ficou decidido que tentaríamos resolver nossas diferenças. Peter pararia de confiscar o papel de diretor de criação, trabalharíamos juntos em novos negócios, e eu não apenas poderia ver as estratégias criativas *antes* que elas fossem para o cliente, mas também teria que aprová-las.

Isso deve ter deixado Peter furioso.

Uma mulher inferior talvez tivesse capitulado e simpatizado com seu sofrimento, permitindo que seu ego saísse de cabeça erguida. Às vezes, quando mulheres conseguem uma grande vitória, começam a sentir pena de seu oponente. Isso é uma coisa bem feminina. Falando sério, que homem faz isso? Conheço muitas mulheres que fraquejam no último instante e, em vez de terminar o serviço, hesitam, amolecem e ficam sentimentais. Elas acham que o homem que estava tentando derrubá-las só precisa de um pouco de amor para se tornar uma pessoa melhor. Sei disso porque *sou exatamente como essas mulheres,* então, em vez de ficar batendo cabeça com Peter, usei um pouco de sedução e manipulação.

Embora Peter tivesse concordado em incluir minhas ideias em suas estratégias, fazê-lo mudar algo que tivesse escrito era como tirar leite de pedra. Durante uma batalha, fui até seu escritório tarde da noite. Ele estava compenetrado num livro (era um leitor voraz), e eu gentilmente sugeri uma pequena mudança numa estratégia que, lhe assegurei, já era brilhante. Se pudéssemos dar esse pequeno, minúsculo *toque,* ele seria o herói de todo o departamento de criação. Na hora, achei que estivesse me ignorando, mas no dia seguinte a estratégia estava revisada, e a mudança que eu esperava ver estava lá – e era ainda melhor que minha sugestão.

Depois disso, encontrava Peter quando queria que algo fosse feito, e algumas vezes ele até me escutava. Mas ele nunca reconheceu nenhuma de minhas sugestões. Não me importava. Como naquela frase atribuída a Ronald Reagan: "Não há limites para o que você pode realizar, se não se importar com quem fica com o crédito".

Acho que devo agradecer Peter Kim por ter me transformado num homem. A útima gota d'água caiu durante outra proposta de um novo negócio, quase no final de meu terrível primeiro ano no emprego. Foi também quando eu decidi tentar minha sorte com Jim Heekin.

Estávamos trabalhando até tarde, como sempre, e toda minha equipe de 25 pessoas estava na sala de reuniões de Jim para engatilhar nosso plano de ação. Este era sempre um passo importante em nosso processo de novos negócios – era essencial que todos estivessem com o plano na cabeça num estágio inicial. Mas Peter ficava saindo da reunião para trabalhar com dois de seus assistentes, que estavam tentando terminar uma estratégia para outra reunião do dia seguinte. Considerando a escala de prioridades, Peter deveria ter se concentrado naquela reunião e deixado que Jim e eu cuidássemos das decisões de novos negócios, mas Peter nunca delegava nada a ninguém. Este é outro defeito comum de muitas pessoas brilhantes: elas acreditam que ninguém é melhor do que elas para resolver um problema.

Fazia horas que estávamos na sala de reuniões, esperando que ele voltasse por alguns minutos para "aprovar" o desenrolar de nosso plano. Cinco minutos conosco, depois 20 minutos com sua outra equipe – isso continuou por duas horas. Ele deixava todos esperando: Jim, todos na equipe e eu.

E a gota d'água estava caindo, caindo, caindo.

Às 9h da noite, ainda não tínhamos decidido qual campanha criativa iríamos recomendar, nem como iríamos preenchê-la com nossas outras disciplinas. Finalmente, Jim percebeu que tinha de tomar uma decisão; estávamos exaustos demais para passar toda a noite esperando Peter voltar para nossa reunião. Então, ele adotou uma postura firme, e juntos tomamos decisões sobre como seguir em frente e sobre quem ficaria responsável por cada tarefa. Quando estávamos concluindo, Peter voltou para a sala esperando que retomássemos a conversa do ponto em que ele havia saído. Nós dissemos a ele que já tínhamos tomado todas as decisões, e queríamos saber se ele concordava com elas.

"Quem tomou essas decisões?", Peter perguntou. Ele estava visivelmente irritado com todos nós.

Caindo, caindo, caindo.

Uma pausa incômoda tomou conta da sala e, três segundos depois, Jim Heekin se colocou numa posição para se tornar o líder inquestionável do escritório de Nova York. Ele olhou para Peter diretamente nos olhos e disse: "Eu". Todos os vinte pares de olhos da equipe se voltaram imediatamente para Peter.

O que Peter fez em seguida selou seu destino no escritório de Nova York e, eventualmente, em toda a McCann. Uma simples sentença de seis palavras daria início a uma série de eventos que, no final, mudariam sua carreira e o curso da história da McCann. Não estou exagerando.

Suas seis palavras foram:

"Bem, Jimbo, então você está sozinho."

Você está sozinho. Que profético.

Então, Peter se levantou e saiu fumegando da sala de reuniões.

E a gota d'água caiu. Não foi uma gota enorme, mas suficiente para fazer tudo transbordar.

Todos olharam para Jim, que estava humilhado pela grosseria e desrespeito que seu "amigo" havia demonstrado na frente de seus próprios funcionários. Não era a primeira vez que isso acontecia, mas certamente seria a última.

Para mim, esse foi o divisor de águas pelo qual eu vinha esperando. Decidi, naqueles poucos segundos, que Jim merecia ser salvo, embora sua aliança com Peter o tivesse tornado impopular na McCann. Decidi usar qualquer influência que eu tivesse para tirar Peter do nosso caminho. Não queria que ele fosse demitido; só o queria fora do escritório de Nova York e de todos os nossos negócios.

Era uma decisão bastante assustadora de minha parte, porque, apesar de todos os seus defeitos, Peter tinha seus momentos de gênio. Eu sabia que sua ausência criaria um vácuo, e ninguém sabia se seus dois assistentes (Nat Puccio e Suresh Nair) ficariam em seu lugar. E, mesmo se o fizessem, seriam bons o suficiente? No entanto, valia a pena correr o risco, porque tudo em nosso presente modo de ação apontava para um desastre.

O que for preciso

Estava determinada a remover Peter do escritório de Nova York, e tinha duas cartas na manga: Jim Heekin, que finalmente percebera que Peter tinha que sair, e Steve Davis, meu antigo parceiro da JWT/Chicago. Steve tinha acabado de ser contratado como presidente do escritório de Nova York da Young & Rubicam. Sua primeira missão era encontrar um diretor de criação, e as pessoas na Y&R esperavam que ele conseguisse me convencer a voltar. Eles vinham tentando me contratar havia seis meses, mas eu sempre dizia que era muito cedo para deixar a McCann. Agora, eu sabia como um contrato com a Y&R poderia me ajudar a manipular minha situação com Peter.

Temos um mantra na McCann que diz "o que for preciso". Nós o usamos principalmente para provar aos nossos clientes que somos incansáveis em nosso desejo de fazer as coisas certas para eles e para seu negócio. Mas é, na verdade, a personalidade de um clube de machos alfa. Fazemos o que for preciso para vencer. Eu adoto essa filosofia.

Disse a Steve Davis que pensaria na mudança, mas que precisaria de um bom contrato para que meus advogados dessem uma olhada. É um procedimento padrão. Quando peguei o contrato, mostrei-o para Jim Heekin e disse que não conseguiria mais trabalhar com Peter. Um de nós teria que sair, e, como tinha outra proposta de emprego, estava pronta para ir embora. Jim concordou que alguém teria que sair, mas disse que não seria eu. Ele arranjou um encontro entre nós dois e John Dooner, para que expuséssemos "nosso" caso contra Peter. Nos encontramos para um jantar clandestino fora da cidade. No caminho até lá, Jim me pressionou a não "pegar leve" ao explicar por que eu queria Peter fora do escritório de Nova York: "Eu sei como você gosta de tornar as coisas menos ruins quando está fazendo tarefas desagradáveis", ele disse no carro. "*Não faça isso agora.* Dooner precisa ouvir exatamente como você se sente."

Então, nos encontramos. Disse a verdade sobre como estávamos trabalhando mal juntos e que, depois de um ano sofrendo e vendo todos à minha volta sofrerem, eu tinha que sair. Mostrei a John meu contrato da Y&R e disse a ele que, se quisesse que eu ficasse, Peter teria que abrir mão de suas atribuições em Nova York. Como Peter era vice-*chairman* da McCann Worldgroup, por que não poderia canalizar seus esforços para outros países e deixar o planejamento estratégico de NovaYork com seus dois tenentes, Nat Puccio e Suresh Nair? John concordou. Foi fácil demais. Tenho certeza de que Jim já tinha deixado a situação clara para ele, e de que John já tinha tomado sua decisão.

Depois de uns dias, anunciaram que Peter assumiria responsabilidades mundiais, e que Nat e Suresh seriam codiretores de planejamento estratégico em Nova York. Eu já tinha uma química pessoal com aqueles dois e acreditava que isso era uma das coisas que nos tornaria uma equipe imbatível. No dia em que John anunciou que Peter deixaria oficialmente o escritório de Nova York, todos ficaram contentes. Isso foi triste.

Também foi difícil dizer a Steve Davis que, como a situação havia mudado na McCann, eu me sentia obrigada a continuar como diretora de criação. Mas não me restava muita honra. Eu tinha mentido tanto para Steve como para John Dooner. Nunca tive nenhuma intenção de trocar a McCann pela Y&R. Estava só manipulando todos, até as pessoas com as quais eu me importava. Eu levaria um ano para me sentir confortável com o que havia feito.

Com Peter fora, muito do estresse que vinha sufocando o escritório de Nova York desapareceu, mas o pessoal da McCann ainda não confiava em Jim Heekin. Então, minha missão seguinte seria ajudar as pessoas no escritório a enxergar a pessoa que Jim realmente era, em vez da pessoa que Peter havia mostrado a elas. Teria que usar todos os meus poderes de sedução e manipulação, mas, se quisesse ser uma força vencedora no ramo da publicidade, a McCann Nova York teria que ser uma família, e uma família precisava de um pai.

12
MULHER NO TOPO

O que acontece quando você finalmente chega ao topo num clube do bolinha? Quando você lidera homens, quanta influência terá realmente ao trabalhar lado a lado com eles? Você pode ajudá-los a explorar mais o seu lado "feminino" sem que percam todas as qualidades associadas ao seu lado masculino? Você pode tornar o escritório um lugar melhor para se trabalhar?

Uma chefe do sexo feminino pode criar uma cultura feminina num clube do bolinha?

Muitos anos atrás, houve uma grande revelação espiritual de que um ambiente de "amor" no trabalho promovia maior eficiência do que um ambiente de medo. Foi bem na época em que as pessoas estavam descobrindo que "inteligência emocional" (também conhecida como bom senso) pode ser mais valiosa em um líder do que o brilhantismo de cientista espacial que beira a arrogância.

Eu vinha defendendo um ambiente de trabalho mais gentil e tranquilo havia anos e recebendo muitas críticas dos homens que me ouviam promover a ideia. Mas percebi que é mais fácil querer do que conseguir isso, principalmente quando se está no comando de homens. Ainda assim, uma cultura feminina cria uma ambiente mais produtivo e agradável de se trabalhar do que uma atmosfera de medo, perigo e competição de machos. Talvez uma combinação das duas culturas seja o ambiente perfeito de trabalho; seria excitante, mas, também, divertido. Você pode criar esse ambiente sozinha? Provavelmente, não. Eu não consegui. Precisei de aliados – homens que beberam minha Poção da Gentileza e decidiram que ela tinha um sabor refrescante. De certo modo, é até melhor ter uma parceria com esses homens, porque eles se dedicam ao resultado.

Na McCann, passei muito tempo tentando ajudar os homens com quem trabalho a entrar em contato com seu lado "feminino". Esta é uma grande área de confusão para muitos deles. Eles não conseguem entender o que eu quero deles, embora eu seja mais do que explícita. Sou repetitiva.

É importante que eles desenvolvam alguns traços femininos, assim como eu tive que aprender com eles habilidades masculinas. Eles deveriam colaborar mais e competir menos uns com os outros. Os homens tentam, mas em vez disso se tornam muito competitivos para ver quem colabora mais.

Quero que sintam mais empatia por pessoas que não entendem (como suas colegas do sexo feminino), mas é difícil para eles levar isso a sério. Eles se ofereceram para ir comigo à manicure, como exercício de aproximação, contanto que eu prometesse que eles não teriam de usar esmalte. Matt Weiss, nosso gênio intrépido de novos negócios, até nos deixou depilar suas pernas para poder "sentir a dor". Ele fez isso uma vez. E uma vez Jim Heekin, ao me ver retocando meu batom no *lobby* de um hotel, concordou em usar um pouco de brilho labial quando eu o ofereci a ele. Ele nem sabia que era transparente quando concordou em usá-lo. (Ele gostou até um pouco demais, se você quer saber.)

Mesmo com esses gestos, eu esperava mais desses homens. Eles precisam ser genuinamente sensíveis com as mulheres, e comigo em particular. Eu quero passos largos, grandes, gigantes, e quando eles ficam aquém das expectativas, mostro meu descontentamento. Um dia, tive vontade de matá-los por causa de meus dentes. Nesse dia em particular, tive um enorme ataque na frente dos mais altos executivos do escritório: Nat Puccio e Suresh Nair, os codiretores de planejamento estratégico, Eric Keshin, gerente-geral em Nova York, e Richard O'Leary, diretor de gerência de contas.

Gosto muito desses quatro homens, e sou tão próxima deles quanto uma mulher que não seja casada com eles pode ser. Por exemplo, eu sei se eles roncam, porque já dormi ao lado deles em longos voos. (Nenhum deles ronca. Eles dizem que eu ronco – e babo –, mas nunca me filmaram fazendo isso, então não há provas!)

Eu sei o que os deixa frustrados e que comidas os deixam com gases. Consigo fazê-los rir quando prefeririam estar bravos, e consigo deixá-los bravos quando menos esperam. Já resolvemos problemas, ganhamos contas e salvamos negócios existentes juntos. Já fizemos muitas e muitas reuniões juntos. Praticamente *morei* com eles, como uma grande e feliz família disfuncional.

No dia do meu ataque, tínhamos acabado de concluir uma importante reunião com potenciais clientes. Quando voltei do banheiro feminino, me dirigi aos homens gritando e com muita raiva. Eles pareciam surpresos, porque eu geralmente suavizo minhas críticas para proteger seus sensíveis egos masculinos, mas não naquele dia. Não, naquele dia eu estava cheia deles, e não escondi isso.

"Estou de saco cheio de ser a única mulher por aqui", eu disse. "Olhem para meus dentes. Droga. *Olhem* para eles."

Nat e Suresh ficaram olhando para mim sem entender. Os dois são extremamente inteligentes, mas totalmente ingênuos. Essa combinação faz que seja difícil ficar brava com eles, e *continuar* brava com eles, mas eu fiz o meu melhor.

Eric me ignorou e continuou marcando páginas da apresentação que tínhamos feito. Como somos parceiros desde 1987, é muito fácil para ele conseguir me irritar, e ele tem muita prática nisso. Eu meio que adoro o cara, e isso dá a ele permissão para ser ainda mais irritante. Como é um irmão para mim, sabe que eu sempre irei perdoá-lo.

"O que há de *errado* com seus dentes?", Suresh perguntou. Ele é tão *doce*, eu realmente mataria para protegê-lo. Geralmente. Mas não nesse dia.

"Nada", diz Rich O'Leary, sem olhar para cima.

Rich era uma das pessoas que Jim Heekin trouxe com ele da J. Walter Thompson. É um cara tão legal, nem sei o que ele está fazendo conosco.

"Ela tem dentes adoráveis", ele diz.

"ELES ESTÃO TODOS CHEIOS DE BATOM!!!"

Falando sério, acabei de ter uma reunião de uma hora com clientes em potencial, na qual eu os encantei, impressionei e *diverti,* e me esforcei para parecer inteligente. E sorri para eles. Sorri *muito*. Mostrei *muito* meus dentes. Por uma *hora*! Dentes cobertos com um batom vermelho brilhante.

"Oh", diz Nat, erguendo as sobrancelhas como se estivesse fazendo uma revelação científica. "Você está com os dentes vermelhos."

"Uma pessoa sensível, gentil, OBSERVADORA teria notado E DITO PARA MIM!!!"

"Você tem batom nos dentes", Eric diz bruscamente, sem olhar para cima.

"EM PARTICULAR!!!", eu grito. "E ANTES DA MALDITA REUNIÃO!"

Olho furiosamente para eles e eles para mim, por três, talvez quatro segundos. Então, me perguntam se eu sei quando chegaria o almoço.

"Vocês não conseguem entrar em contato com seu lado feminino?", imploro. "Pelo menos uma vez? Só um pouquinho?" Já fazia alguns anos que eu pedia isso.

Então, Nat solta a melhor frase de sua vida:

"Se eu tivesse um lado feminino, estaria em contato com ele o tempo todo."

Eles caem na gargalhada.

Invoco todo o meu autocontrole para não rir também. Em vez disso, continuo olhando com raiva. Há um silêncio por mais alguns segundos e, então, eles perguntam se pedimos os sanduíches bons.

Eu saio.

Esses homens são como adolescentes. Eu acho que eles estão me escutando. Eu acho que deixei uma boa impressão neles, mas só saberei daqui a dez ou 12 anos.

Sedução e manipulação são ferramentas poderosas, mas há um limite para o que elas podem realizar? Podemos seduzir e manipular os homens em nossas vidas para que eles sejam mais atenciosos? Podemos enganá-los ou obrigá-los a ser pessoas melhores?

A maioria dirá que não, a não ser que esteja na natureza deles, mas me recuso a aceitar isso. Acho que, se você for manipuladora o bastante, e de forma *benevolente*, conseguirá fazer que qualquer um seja menos egoísta, colabore mais e seja levemente sensível. Se houver muita coisa em jogo, se as pessoas que você estiver tentando mudar puderem obter reconhecimento por essa melhora, se as recompensas por compartilhar forem maiores do que a satisfação de ver o mal alheio, pode acontecer.

Uma das maiores conquistas sob minha supervisão foi ganhar a conta da MasterCard com uma campanha que não apenas ficou famosa no mundo inteiro, mas que se transformou também num caso clássico de marketing brilhante. Conseguimos essa conta porque o pessoal do escritório de Nova York rompeu com a tradição e abraçou três características femininas: colaboração, generosidade de espírito e empatia.

Embora viéssemos conseguindo novas contas a uma taxa respeitável (Lucent Technologies,* Motorola e uma segunda divisão da Black & Decker, para citar algumas), em agosto de 1997 tivemos a oportunidade de uma vida: a MasterCard tentaria reverter seu fraco desempenho buscando uma nova agência de publicidade para ajudá-la a competir contra sua arquirrival, a Visa.

A conta da MasterCard era grande (algo em torno de 100 milhões de dólares em gastos com mídia), tratava-se de uma das grandes empresas listadas em bolsa e, como era a coitadinha, era uma marca visível e ameaçada que conseguiria apoio do público. Todas as pessoas no ramo de publicidade se preocupavam com o resultado da proposta e a sobrevivência da marca. Jim Heekin atribuiu *status* de "precisamos ganhar" ao nosso plano, o que significava que, sob nenhuma circunstância, poderíamos perder essa concorrência. Tínhamos que derrotar outras cinco agências, e cada uma delas era um concorrente poderoso.

* Hoje chamada Alcatel-Lucent.

Mas estávamos de mãos atadas. A MasterCard ordenou que todas as agências usassem a mesma frase: "O futuro do dinheiro". A empresa tinha gastado bilhões de dólares nesta frase ao longo dos anos, usando-a em todo o mundo. "O futuro do dinheiro" estava em todos os anúncios da MasterCard, em todos os países, e mesmo assim ninguém conseguia se lembrar dela. Então, decidimos voltar ao básico: conversamos com o consumidor.

Depois de coletar muita informação, identificamos os clientes da MasterCard como "bons" usuários de cartões de crédito. Eles gastavam mais do que ganhavam apenas para causas nobres, ao contrário dos clientes da Visa, que sempre pareciam estar numa temporada de esqui nos Alpes. Agora, digamos que um cliente da Visa e um cliente da MasterCard queiram comprar uma TV de alta definição de cinquenta polegadas. Suas *razões* para quererem um item tão caro podem ser bastante distintas, a julgar pelos anúncios das marcas. Quem tem um cartão Visa é mostrado como "perdulário", e ele faz a compra porque acha que *merece* aquela TV. Quem tem um cartão MasterCard é mostrado como uma pessoa "humilde e despretensiosa", que faz a compra pelo bem da família, para que todos possam se reunir e ver TV numa tela do tamanho de uma casinha. É tudo uma questão de finalidade.

Nosso foco para a estratégia era "A melhor maneira de pagar pelas coisas que importam". Jonathan Cranin era o diretor de criação designado para a proposta que faríamos à MasterCard, e Joyce King Thomas tinha concordado em ajudar. Ela e Jonathan tinham exatamente o mesmo cargo. Ambos eram vice-presidentes seniores, diretores de criação e estavam subordinados a mim. Joyce, no entanto, já estava bastante ocupada. Eu sabia que ela não trabalharia na apresentação para a MasterCard por Jonathan, mas o faria por mim. Por mim, ela até *colaboraria* com Jonathan.

Mas, mesmo com Joyce e Jonathan, dois de nossos melhores pensadores, estava difícil resolver o problema da MasterCard. Nada do que fazíamos tinha apelo junto aos consumidores que viam nosso trabalho. E nós tentamos de *tudo*.

Tínhamos consumido muito tempo e ainda não tínhamos a Grande Ideia. Então, um dia, Jonathan me parou no corredor. Ele disse que estava no banho quando teve uma ideia. Ele colocou a mão no bolso, pegou um pedaço de papel amassado, desamassou--o e leu para mim:

Há coisas que o dinheiro não compra.
Para todas as outras, existe MasterCard.

Parecia que alguém tinha dado um soco em meu diafragma. Perguntei se ele mostraria a frase para Joyce. Ele hesitou. Sabia que ele não queria compartilhar. Nenhuma pessoa criativa entrega uma ideia brilhante, especialmente para alguém que não é subordinado a ela. Mas, num gesto incomum de generosidade, e com um pouco de incentivo de Jim Heekin, ele concordou.

Jonathan executou essa frase com um humor irônico, quase sarcástico, e sua campanha era bem divertida. Mas ainda não encontrava eco nos consumidores. Então, Joyce e seu parceiro, Jeroen Bours, pegaram a mesma frase e tiveram a ideia da campanha "Não tem preço". O resto é história.

Nós fomos a última agência a fazer a apresentação para os clientes MasterCard, e eles pareciam infelizes quando entraram em nossa sala de reuniões. Muitos meses depois, nós vimos o que as outras cinco agências haviam apresentado e entendemos por que eles estavam assustados quando chegaram até nós, a última esperança. Eles haviam gastado muito tempo e dinheiro nessas apresentações, e ainda não tinham visto uma ideia boa. Todos pensaram em coisas futurísticas, já que tinham sido forçados a pensar em "O futuro do dinheiro" como frase final. Uma agência chegou a usar nudez para deixar claro que a MasterCard "lhe dá cobertura". (Juro que é verdade. Talvez eles tenham contratado aquela mesma equipe *freelance* que teve a ideia da Whirlpool.) Nesse comercial, uma linda mulher sai de um táxi, e seu vestido fica preso quando a porta se fecha. O vestido é rasgado e ela fica completamente nua enquanto o táxi vai embora. Um cartão MasterCard aparece estrategicamente você-sabe-onde porque "lhe dá cobertura". Não é de surpreender que a equipe de marketing da MasterCard estivesse em pânico.

Quando lhes apresentei Jonathan, que iria revelar sua frase brilhante, disse algo bastante pomposo para os clientes MasterCard (Nick Utton e Larry Flanagan).

"Guardem bem este momento", eu disse. "Daqui a um ano, quando esta campanha entrar para a história do marketing... Quando vocês entrarem para a lista dos marqueteiros mais famosos do século... Lembrem-se de como se sentiram da primeira vez em que viram esta frase e o trabalho criativo que se segue." E apontei para o texto, que tínhamos colocado num painel e montado sobre um suporte, e que estava coberto por um grande pedaço de veludo azul.

A apresentação de Jonathan foi escrita e executada de forma brilhante:

"Embora não possamos ajudá-lo a obter o orgulho e a felicidade que você sente quando vê seu filho de seis anos andar numa bicicleta pela primeira vez... Podemos ajudá-lo a comprar a bicicleta." Ele terminou sua apresentação indo até o suporte e puxando o veludo azul, revelando o texto que dizia:

"Existem coisas que o dinheiro não compra.
Para todas as outras, existe MasterCard."

Todos que estavam do outro lado da mesa se surpreenderam e olharam para mim. Tentei sorrir sem parecer forçada.

Quando Joyce e Jeroen mostraram o primeiro comercial, chamado "Pai e filho", esses clientes, que haviam sido instruídos por seus consultores a não demonstrar um pingo de emoção em nenhuma das apresentações, pularam de suas cadeiras, gritando e rindo aliviados. Até mesmo os consultores deram grandes sorrisos.

Apresentamos nove comerciais e vinte anúncios impressos naquela manhã. Embora eu sempre ame cada novo comercial da

MasterCard, porque eles são sempre estimulantes e surpreendentes, o comercial de TV "Pai e filho", que Joyce e Jeroen criaram, ainda é um dos meus favoritos.

O comercial abre com pai e filho a caminho de suas cadeiras num estádio de beisebol. Enquanto estão andando, aparece o pai comprando coisas para seu filho. Na tela, vemos a lista de itens e seus preços, e ouvimos a voz jovem, acolhedora e carinhosa do ator Billy Crudup dizer:

> Entradas, 28 dólares.
> 2 *hot dogs*, 2 pipocas e dois refrigerantes, 18 dólares.
> Uma bola de beisebol autografada, 45 dólares.
> Uma conversa de verdade com o filho de 11 anos...
> Não tem preço.
> Há coisas que o dinheiro não compra. Para todas as outras, existe MasterCard.
> Aceito em todos os lugares, até estádios de beisebol.
> MasterCard. O futuro do dinheiro.

Tanto Jonathan como Joyce tinham dois filhos e eram pais dedicados e amorosos, mas apenas Joyce tinha a empatia para entender o desejo que as pessoas têm de se conectar e ter a ideia de uma campanha para expressar isso.

Todos os nove comerciais originais foram produzidos e ficaram no ar durante o primeiro ano da campanha, em 1998. A única mudança que fizemos no texto original que Joyce escreveu foi que nunca usamos a frase "O futuro do dinheiro". A frase acabou sendo retirada quando todos perceberam que tinham uma ideia muito mais poderosa sobre a mesa.

A campanha "Não tem preço" da MasterCard entrou mesmo para a história do marketing. Tornou-se a campanha global mais bem-sucedida do mundo, usada em 110 mercados, em cinquenta línguas. Nos últimos dez anos, produzimos mais de 450 comerciais para TV e incontáveis anúncios impressos, *outdoors* e ideias digitais.

E isso poderia não ter acontecido.

Se a McCann ainda estivesse operando num ambiente chauvinista e masculino, essas duas pessoas criativas díspares, Jonathan e Joyce, teriam colaborado uma com a outra? Eles estariam dispostos a compartilhar os holofotes? A McCann não tinha uma história para esse tipo de trabalho em equipe. Homens demais. Testosterona demais. Nenhuma mulher no comando. Mas, no verão de 1997, cinco anos depois de perdermos a Coca-Cola, tudo entrou nos eixos, e éramos novamente uma grande agência de criação.

Por que um homem não pode ser mais parecido com uma mulher?

Podemos ajudar um homem a se tornar, lá no fundo, uma mulher melhor? Se você fizer essa pergunta a um macho alfa, ele não irá reagir muito bem. Mas pense em como você poderia atraí-lo com um pouco de sedução e manipulação – principalmente se você puder responder aquela antiga pergunta que todos os seres humanos fazem: "O que eu ganho com isso?".

Quando os homens na McCann perceberam que explorar seu lado feminino não os mataria, tentaram honestamente adotar alguns dos comportamentos que eu tentei promover. Em vez de converter uma multidão, talvez seja útil tentar converter apenas um peixe grande, um macho que todos os outros homens reverenciem e sigam incondicionalmente. Se um macho alfa notório consegue explorar seu lado feminino, então qualquer um consegue. Arraste um e os outros o seguirão. No meu caso, foi Jim Heekin.

O último grande benefício de ter conseguido a conta da MasterCard foi que isso permitiu a Jim moderar sua imagem de macho e mostrar para toda a agência que ele era homem suficiente para agir como mulher.

Jim queria agradecer pessoalmente todos os que tinham trabalhado durante tantos meses para conseguir a conta da MasterCard. Eu disse a ele que havia umas 180 pessoas que participaram, de um jeito ou de outro, na linha de frente ou na retaguarda, e então decidimos levá-las todas a uma grande sala de reuniões para que Jim pudesse demonstrar sua gratidão. Eles entraram, quase todos tentando ficar o mais próximo possível da porta para poder sair rapidamente. Eles ainda não confiavam em Jim. Eles ainda não o conheciam muito bem.

Jim começou a falar:

"Eu só queria que todos vocês soubessem... *[pausa]* Eu só queria dizer a todos vocês como... *[pausa]* Como... *[pausa mais longa]*"

Então, ele me deu uma cotovelada nas costelas, que era uma sinal para eu assumir.

"O que Jim estava tentando lhes dizer", eu disse, "é que ele é grato por todo o esforço de vocês na conquista desta importante nova conta. E", acrescentei, "ele quer que vocês saibam que ele ama todos vocês. Muito."

A essa altura, as lágrimas que vinham se acumulando nos olhos de Jim começaram a escorrer por seu rosto.

Jim começou a chorar na frente de 180 pessoas.

Eu estava *adorando* aquilo, então acrescentei algo para aumentar o constrangimento:

"Venho dizendo a ele para explorar seu lado feminino, mas acho que ele exagerou." Todos riram muito.

Minutos após o término da reunião, todos na agência sabiam que nosso líder macho, másculo e cheio de testosterona havia *CHORADO* na frente de 180 pessoas na sala de reuniões. Logo, todas as pessoas na agência que sabiam desenhar (e havia centenas delas) criaram caricaturas de Jim fungando, chorando, ou simplesmente se derretendo em lágrimas. E os desenhos apareceram em todos os lugares: nos corredores, em todas as salas de reuniões, nos banheiros... Em todos os lugares. Jim amou todos eles e nunca quis que nenhum deles fosse retirado.

Foi um momento de definição para Jim. No espaço de cinco minutos, o escritório durão da McCann Erickson em Nova York se tornou a agência de Jim, e, com o tempo, o restante da rede global da McCann seguiu o exemplo. Fomos da desconfiança à devoção, e essa devoção se manteve em todas as suas promoções.

Jim chegou ao posto de CEO da McCann Worldgroup, e deixou a McCann em 2003.

Não é muito difícil conseguir a afeição e a lealdade de homens se você os ajuda a ficar com uma boa imagem. Você não precisa obter reconhecimento por tudo que faz. Os homens nem precisam reconhecer seu papel, mas se o lugar funciona melhor por causa disso, como líder, você vence. E esta é a única coisa que importa.

Às vezes, nos esquecemos disso quando chegamos ao topo.

Cinco erros clássicos que cometemos quando comandamos homens

Quando somos chefe num clube do bolinha, ou até mesmo de um clube com homens esclarecidos, não podemos nos esquecer de que, antes de mais nada, eles ainda são homens. Quando homens deixam uma mulher liderá-los, há muitas condições envolvidas. Nós não somos um deles e eles têm um pé atrás conosco – pelo menos por um tempo. É quase como se eles estivessem somente esperando um tropeço nosso para dizer, "Ahá! Sabia que ela não prestava!".

Nossos instintos nos dizem que isso é verdade, e mesmo assim os ignoramos quando atingimos nossos objetivos. Quando nos esquecemos disso, fracassamos, porque cometemos pelo menos um desses erros clássicos:

Ficamos inebriadas com o poder: Chegamos ao topo e depois parecemos esquecer todas as habilidades de negociação que nos levaram até lá. Nossa paciência democrática, "feminina", é substituída por uma ditadura "masculina" mais eficiente. Parece muito mais fácil simplesmente *dizer* às pessoas o que fazer do que continuar negociando para uma colaboração pacífica. Embora seja verdade que homens se comportam dessa maneira, são perdoados pelo seu comportamento. Mulheres, não. Não se espera de um homem que ele seja protetor, então ele não é punido quando fracassa nesse aspecto. Conosco, é diferente. Esperam que nós continuemos a prover e colaborar quando chegamos ao topo, e quando não fazemos isso, é como se tivéssemos traído a sua confiança.

As pessoas bem-sucedidas são aquelas que entendem que, para liderar, deve-se ter seguidores entusiasmados e dispostos. Isto é especialmente crucial para mulheres, porque ainda somos novas nesse negócio de liderança. Nunca devemos tomar nada como certo, nem mesmo quando nosso poder vem acompanhado de um belo escritório.

As mulheres que ficam por mais tempo nos cargos mais altos são aquelas que continuam a aprimorar seus poderes de manipulação pelo bem de toda a empresa. Não espere que as pessoas (homens) façam algo só porque você mandou. Você não é a mãe delas, e suas habilidades de sedução e manipulação nunca devem se tornar obsoletas.

Paramos de decifrar o ambiente: Já vi isso acontecer várias vezes. Quase aconteceu comigo nas duas vezes em que assumi a posição de chefe. Há uma arrogância que acompanha o fato de sermos a chefona. De repente, todos estão tentando interpretá-*la*, duvidar de *você* e puxar o *seu* saco. Nesse momento, o poder lhe dá uma falsa sensação de segurança, e você baixa a guarda. Mas, só porque tem um papel de liderança, não significa que seja invencível. As pessoas que a estão seguindo podem sabotá-la (e o farão) se você não estiver fazendo o trabalho que elas esperam. Nunca pare de decifrar o ambiente para distinguir as pessoas que estão tentando protegê-la daquelas que a estão usando para praticar tiro ao alvo. Você não quer ser aquele oficial novato no campo de batalha que é atingido nas costas por um de seus próprios homens.

Se você foi trazida de fora, sua capacidade de entender a cultura da nova empresa é a primeira lição de sobrevivência. Se tratar de forma grosseira os homens que deveria estar comandando, eles sempre encontrarão uma maneira de desacreditá-la, às vezes com insinuações. É a arma dos covardes, porque você nunca está preparada. Se for dura demais e não os deixar ricos o bastante, e rapidamente, eles encontrarão uma maneira de derrubá-la. Você sabe que é verdade. Você lê sobre isso todo dia na imprensa.

Nos tornamos muito rabugentas: Eu sei que você está pensando no velho "dois pesos, duas medidas". Quando homens são duros, são líderes firmes, e quando somos duras, somos umas cadelas. Não estou falando de ser dura ou firme. Estou falando de ser uma verdadeira rabugenta. Às vezes, isso é uma característica oculta que não vem à tona até que uma mulher esteja numa posição de poder; independentemente disso, essas mulheres são fáceis de identificar. Elas tratam mal seus subordinados e os mantêm fora do círculo. Em vez de delegar responsabilidades, administram meticulosamente e não deixam que as pessoas que trabalham para elas façam seu trabalho. (Conheço homens que também fazem isso, e eles são uns canalhas.) Mulheres que são chatas não escutam ninguém e acumulam informação, porque informação é poder. Mas a pior coisa que elas fazem é tratar as *mulheres* que trabalham para elas ainda pior do que tratam os homens. Já vi isso acontecer em lugares onde trabalhei, e ouvi reclamações sobre isso de mulheres (e homens) em outras empresas.

Podemos ser fortes e até adotar muitas das características masculinas que admiramos nos homens; só temos que tomar cuidado para não sacrificar nossas características femininas no processo. Há atributos masculinos que são essenciais em nossa escalada, mas eles devem ser abrandados quando finalmente estivermos com as rédeas nas mãos. Ser decidida é importante, porque liderança de cima para baixo é melhor do que de baixo para cima (em que os internos cuidam do asilo), mas há uma diferença de gênero aqui em termos de expectativa. *Estes* são os "dois pesos, duas medidas": como somos mulheres, *esperam* que colaboremos, e quando somos decididas, se ressentem de nós. Todas essas qualidades de liderança são medalhas de honra para um homem. Mas, para uma chefe do sexo feminino, podem gerar rancor e até insubordinação. Não há problema em ser decidida, corajosa e focada, contanto que também colaboremos, sejamos protetoras e tenhamos empatia. É uma cruz que temos de carregar.

Chegamos ao poder e não obtemos resultados: Ser CEO se tornou um emprego muito perigoso. Pode-se argumentar que, no nível mais alto, homens e mulheres são julgados pelos mesmos padrões: faça dinheiro ou saia. Roube e vá para a cadeia. Vi um *blog* recentemente que dizia: "Como cinco [mulheres] CEOs destruíram a confiança na economia dos EUA". Não havia uma segunda lista de cinco homens que estragaram tudo. Há definitivamente dois pesos e duas medidas, mas ninguém discute com o todo poderoso dólar.

Nos esquecemos de que temos de ser melhores que os homens: Convivemos com isso ao longo de nossas carreiras e, quando chegamos ao topo, nos esquecemos. Enquanto homens e mulheres forem diferentes, enquanto estivermos brigando uns com os outros pelos altos cargos, sempre haverá dois pesos e duas medidas. Tudo o que homens e mulheres fizerem será julgado de maneiras diferentes. Isso sempre foi verdade e sempre será. Você pode não gostar, choramingar e até escrever um *blog* sobre o assunto, mas isso nunca irá mudar. Este é o preço que pagamos por entrar no clube deles. Só não se esqueça de que muitos de nossos traços são só nossos. Homens não podem ser como nós (não têm intuição feminina, por exemplo) ou não querem ser como nós (lembre-se de que eles não têm empatia – eles não se *importam* com os sentimentos das outras pessoas). Se mantivermos nossa superioridade feminina, poderemos governar um lugar mais feliz, como nenhum homem conseguirá.

Se acha que o caminho que leva até o topo da montanha é difícil, isso não é nada comparado à dificuldade de se manter lá. Onde quer que esteja nessa jornada, deve haver muitos pontos para você pensar no caminho, ou seja, horas para parar e avaliar se está indo mesmo na direção certa. Quanto você terá de sacrificar de verdade para chegar aonde quer chegar? Já sabemos que não se pode ter tudo. Quem disse que poderíamos? Alguns caras promoveram essa mentira vinte anos atrás, só para nos deixar inseguras quando não *conseguíssemos*. A vida é cheia de concessões, e mulheres farão mais concessões do que homens em cada degrau da escada.

Uma querida amiga, em outra agência, dividia as responsabilidades de diretora de criação com um homem que não parecia se esforçar tanto quanto ela. (Com o tempo, todos perceberam que ele era preguiçoso e ele foi demitido, mas isso levou dois anos para acontecer.) No primeiro ano de sua liderança conjunta (algo que nunca funciona, por sinal), ela tinha trabalhado em cinco novas propostas para novos negócios, enquanto ele tinha feito duas. Ela e eu tínhamos motivos para acreditar que, embora eles fossem iguais em todos os aspectos, ele ganhava mais do que ela. Ele provavelmente negociou um contrato melhor quando entrou na empresa (mais ou menos na mesma época que ela), então estava na frente dela em cada aumento, embora os aumentos subsequentes provavelmente fossem iguais. Por um tempo, essa suposição (ela nunca soube realmente se era verdade) a incomodou.

Mas ela estava desperdiçando energia. Em primeiro lugar, não sabia de verdade se ele não estava se esforçando tanto quanto ela. Talvez ele *estivesse* se esforçando até mais, mas ela não enxergava isso porque ele estava trabalhando duro *em casa*. Talvez ele fosse bom em algumas das coisas em que ela não era tão boa. Talvez ele tivesse tanto rancor dela quanto ela dele. Eles eram duas pessoas bastante diferentes, com estilos totalmente distintos. Tentei ajudá-la a enxergar a situação de um jeito mais amplo, e também a ser menos rancorosa. Além disso, eu disse a ela, quanto mais ela trabalhasse, melhor se tornaria, e quanto mais clientes conseguisse, mais eles a enxergariam como a brilhante pensadora que realmente era. Depois de um tempo, ela concordou. Meu único alerta foi para que ela não aceitasse uma quantidade enorme de trabalho, que acabasse comprometendo a qualidade. As mulheres costumam cometer este erro. Embora não possamos ter tudo, ainda conseguimos manter algum equilíbrio em nossas vidas.

Mencionei a ela um discurso de Jim Patterson, feito muitos anos antes de ele deixar o ramo da publicidade para se tornar autor de *best-sellers*. Jim sempre apoiou as mulheres, e ele entendia os problemas únicos que elas enfrentam nos negócios, especialmente mulheres do lado criativo da publicidade. Nesse discurso, ele falou sobre como manter todas as bolas importantes no ar e como identificar aquelas que poderiam cair no chão.

"Pense na vida como um jogo, no qual você está fazendo malabarismos com cinco bolas", Jim disse. "E você dá a elas os nomes de Trabalho, Família, Saúde, Amigos e Integridade. Você mantém todas as bolas no ar. Um dia você irá entender que Trabalho é uma bola de borracha. Você a deixa cair e ela quica de volta. As outras quatro bolas são feitas de vidro. Derrube uma delas e ela ficará marcada, arranhada, trincada de maneira irreversível, ou talvez até mesmo estilhaçada. Quando entender isso de verdade, você lutará para conseguir equilíbrio em sua vida."

O maior perigo para mulheres que estão lutando para ter sucesso nos negócios é misturar essas bolas.

Então, você tem que se perguntar: "Tudo isso vale a pena?", É algo que toda e qualquer mulher deve se perguntar e responder. Para mim, valeu muito a pena. Adoro trabalhar em clubes do bolinha, e adoro trabalhar com os homens. Em todos esses anos com eles, nunca fiquei entediada e nunca fiquei com medo de ir para o trabalho de manhã – ou nos fins de semana, feriados, férias, o que seja. Estávamos naquilo juntos, e sempre havia alguns sinais de que eu estava causando alguma impressão naqueles homens com quem eu trabalhava tão intensamente.

Uma noite na McCann, quando estávamos ensaiando para uma apresentação que faríamos no dia seguinte, Nat Puccio disse de repente que estava em apuros com sua mulher, com quem estava casado havia 18 anos. Ela faria 40 anos no dia seguinte, e ele ainda não havia comprado um presente significativo, mas não era por isso que ele estava em apuros. Ele havia ligado para ela antes do ensaio e sugerido que ela aproveitasse suas últimas horas como trintona.

"O que ela fez?", perguntei.

"Ela desligou na minha cara", Nat disse, parecendo preocupado.

Todos simplesmente olharam para ele, segurando o riso, porque ele parecia muito surpreso. Depois, ele olhou para mim com um sorriso envergonhado e disse: "Acho que meu treinamento de sensibilidade não está funcionando". Pelo menos ele tinha consciência disso.

No dia seguinte, estávamos todos sentados na sala, esperando a reunião começar. Estávamos contando piadas e rindo, menos Nat. Ele olhava seriamente para mim por algum motivo; então, ele se levantou repentinamente, deu a volta na grande mesa e foi até minha cadeira, inclinou-se, com sua boca quase tocando minha orelha, e sussurrou:

"Você está com batom nos dentes."

Há apenas um último conselho que eu quero oferecer. Não importa onde você esteja ou queira estar na escada corporativa, há muito a se ganhar trabalhando com homens e aprendendo o máximo que puder com eles. Quanto mais você souber, mais fácil será administrá-los, se este é o seu objetivo. Então, aguente firme, não importa quão sofrido isto seja às vezes. Um dia, esses homens a deixarão orgulhosa, e todo o seu esforço terá valido a pena. Você terá feito deles homens melhores. E, de qualquer ângulo que olhe, um homem bom é difícil de se fazer.

EPÍLOGO: COMO ADORAMOS UM FINAL FELIZ

Então, as táticas não tradicionais funcionaram? Sedução e manipulação provaram ser a tática certa para uma carreira bem-sucedida? A única maneira pela qual eu posso medir isso é o sucesso da empresa que eu tanto amava comandar.

De 1996 a 2000, o escritório da McCann em Nova York conseguiu inéditos 2,5 bilhões de dólares em novas contas; entre esses clientes estavam MasterCard, Verizon Wireless, Gateway Computers, Kohl's, Motorola, Wendy's e Avis Rent A Car. Ainda somos vencedores em novos negócios.

Nos anos que se seguiram, John Dooner tomou as seguintes decisões:

Em 2004, Joyce King Thomas sucedeu-me como executiva-chefe de criação da McCann em Nova York.

Em 2005, Devika Bulchandani tornou-se a primeira mulher diretora de planejamento estratégico da McCann em Nova York.

Em 2006, Mary Gerzema tornou-se presidente nos Estados Unidos da Universal McCann.

Em 2007, Lori Senecal tornou-se a primeira mulher gerente-geral da McCann em Nova York.

Essas são quatro mulheres fortes o suficiente, inteligentes o suficiente e astutas o suficiente para comandar homens e mulheres num puro clube do bolinha, que é na realidade uma meritocracia. Tenho orgulho de estar em sua companhia como *chairman* da McCann em Nova York.

E só mais uma coisa:

Em junho de 2007, por ocasião do *bar mitzvah* de seu filho Michael, Eric Keshin, aquele macho alfa grande e fortão, ficou ao lado de seu filho no altar da sinagoga e chorou como uma menina.

E EU DEVO TUDO A...

Encontrei uma matéria sobre mim de março de 2000, e o título era "Seduzindo o clube do bolinha". Na entrevista, eu mencionava que estava escrevendo este livro e que esperava terminá-lo até o final do ano.

Estava falando besteira.

Nunca cogitei retomar o livro até quatro anos depois, quando o mencionei novamente ao receber o prestigioso Matrix Award, que reconhece mulheres de comunicação "que fizeram a diferença". Minha diferença era em publicidade. Em meu curto porém inspirado discurso, brinquei com os machos alfa da McCann Erickson e mencionei o livro novamente. Havia uma experiente agente literária na plateia, e ela me ligou no dia seguinte. Seu nome é Fredrica Friedman.

"Você está mesmo escrevendo esse livro, *Seduzindo o clube do bolinha?* ", Fredi perguntou. "É um ótimo título."

Garanti a ela que sim, embora não estivesse.

"Você é tão engraçada e encantadora como escritora como é como oradora?"

Garanti a ela que sim, embora as únicas coisas divertidas que eu tinha escrito nos últimos 25 anos tivessem apenas trinta segundos de duração.

"Vamos conversar."

Então, Fredi foi o começo de tudo. Depois de eu tentar duas vezes fazer um esboço, ela me disse, gentilmente, que eu precisava de ajuda profissional e me apresentou ao "meu lado esquerdo do cérebro", uma talentosa e determinada editora *freelance*, Karen Kelly. Karen não apenas me ajudou a organizar este livro, ela me dizia quando eu era engraçada ("Acabei de tomar café pelo nariz"), quando eu era chata ("Sobre que *diabos* você está falando aqui?"), e quando eu era redundante ("neste parágrafo você usa o pronome *eu* 27 vezes"). Ela é uma das pessoas mais pacientes que eu conheço, e leu os inúmeros rascunhos deste livro o mesmo número de vezes que eu.

Depois dessas duas santas, tenho que agradecer o melhor homem que eu já conheci, meu marido, Brian Goodall. Qualquer coisa que eu disser sobre ele será inacreditável, então irei resumir seu papel em minha vida dizendo que, sem seu amor incondicional e apoio altruísta, eu nunca teria tido a energia para chegar aonde estou hoje. Ele é também um dos homens mais inteligentes que eu conheço, com instintos quase tão bons como os de uma mulher. Este é o maior elogio que posso fazer a um homem.

Embora todos que eu conheci na Random House tenham sido calorosos e prestativos, duas editoras tiveram um impacto de verdade no livro e em minha vida: Susan Mercandetti e Julia Cheiffetz, que reconheceram que eu estava tentando escrever um livro de negócios que fosse lido como um romance, e, quando eu fugia desse modelo, me orientavam com clareza e senso de humor ("Tire seu chapéu de negócios e coloque de volta o chapéu de romancista"). Também gosto do fato de que elas são sensuais e inteligentes.

Gostaria de agradecer as mulheres em minha vida que sempre me amaram e apoiaram: minha irmã, Dona De Sanctis, que sempre esteve lá por mim desde que eu nasci e sempre me fez acreditar que tudo que eu fazia era brilhante. (O amor fraterno a deixa cega.) Minha grande amiga Devika Bulchandani, cujos *insights* me tornaram uma escritora melhor, e cuja afeição e lealdade absoluta me tornaram uma pessoa melhor.

Tenho que agradecer as mulheres da McCann que enriqueceram minha vida de tantas maneiras que eu mal posso articulá-las: Joyce King Thomas, minha amiga de longa data e braço-direito; B. J. Kaplan, que me amou apesar de mim mesma; Sallie Mars e Dana Mansfield, que se preocupam comigo e apoiam minhas necessidades idiotas; Susan Irwin, por seus conselhos e ajuda nesse processo; e minha assistente pessoal há 18 anos, Mary Ellen Cloyd, que sempre foi leal, compreensiva, paciente e inteligente o suficiente para nunca aceitar nenhuma insolência de minha parte. Nunca.

Também, três mulheres com quem eu nunca trabalhei: Bonnie Wilcox, que é minha amiga leal e defensora há mais de trinta anos; minha prima Marilyn Forbes, que era uma grande mulher de negócios e o único modelo feminino que eu já tive; e Pimmi Seth, uma mulher indiana elegante e compreensiva, que apareceu tarde em minha vida, mas cuja sabedoria e bondade são dignas de reverência.

Também gostaria de agradecer os homens com quem trabalhei e que me forneceram muito material, principalmente por seu comportamento masculino, mas também por seus momentos de inspiração: Eric Keshin, John Dooner, Nat Puccio, Suresh Nair, Jim Heekin e Frank Costantini. Também, meus *bad boys* do 27º: Dave Moore, Tim Kane, Dean Bastian, Gib Marquardt, Paul Behnen, Tom Jakab e Hal Walters. E, é claro, Tenney Fairchild, que me ajudou, ao seu próprio modo, a ser uma chefe melhor.

Isto não estaria completo se não mencionasse nossos seis cavalos, que acalmam nossos espíritos e diminuem nossa pressão sanguínea, e nossos dois Yorkshire Terriers, Pipi e Lulu, que tornam impossível acordar de mau humor.

Este livro foi composto em Centaur MT Std
para a Editora Academia de Inteligência
em maio de 2010.